Die Abenteuer der Weihnachtswichtel

Märchenhafte Weihnachtsgeschichten aus der Welt der Wichtel!

Wilma Zimtstern

ISBN: 9798864398210

Inhaltsverzeichnis

Die Reise von Wichtelbert

Es war einmal ein Weihnachtswichtel namens Wichtelbert. Er lebte in einem wunderschönen Wichteldorf in den Bergen. Dort hatte er eine große Familie, die ihn sehr liebte, aber er hatte immer das Gefühl, dass er ihnen nicht das perfekte Weihnachtsgeschenk machen konnte. Er wollte unbedingt das beste Geschenk finden, das er je verschenken konnte, um seine Familie glücklich zu machen. Aber wie nur, fragte er sich immer wieder.

Eines Tages beschloss Wichtelbert schließlich auf eine abenteuerliche Reise zu gehen, um nach dem perfekten Geschenk für seine Familie zu suchen. Er packte seinen Rucksack und war bereit für den Weg ins Ungewisse. Er sagte zu sich selbst: "Ich bin nun bereit für meine Reise. Ich werde das perfekte Geschenk finden und meine Familie glücklich machen." Doch bevor er das Dorf richtig verlassen hatte, wandte er sich an den älteren Wichtel Zimtstern, der schon viele Abenteuer erlebt hatte.

Wichtelbert: "Du Zimtstern, weißt du, wo ich das perfekte Geschenk für meine Familie finden kann?"
Zimtstern: "Es gibt viele Orte, an denen du suchen kannst. Aber ich denke, das perfekte Geschenk ist in dir selbst zu finden. Du musst nur in dein

Herz schauen und herausfinden, was du am meisten liebst. Das kannst du dann an deine Familie weitergeben."
Wichtelbert: "Das ist vermutlich ein guter Rat. Ich werde auf mein Herz hören und sehen, wo es mich hinführt."

Wichtelbert reiste durch Wälder und Berge, überquert Flüsse und sah viele wunderschöne Orte. Er traf viele interessante Wichtel und Menschen auf seiner Reise und lernte viele neue Dinge. Eines Tages schließlich, als er so durchs Tal wandert, traf er auf einen ganz besonderen Wichtel namens Lasse, der alleine in einer Hütte im Wald lebte.

Wichtelbert: "Entschuldigung, kann ich dir helfen?"
Lasse: "Danke für dein Angebot, aber so wie es aussieht, brauchst du meine Hilfe. Was liegt dir auf dem Herzen?"
Wichtelbert: "Nun, ich möchte meiner Familie das perfekte Geschenk machen, so dass alle glücklich sind."
Lasse: "Das trifft sich gut, denn ich bin der Wichtel des Lichts. Ich kann dir dabei helfen, das perfekte Geschenk zu finden, wenn du nur bereit bist, dein Herz zu öffnen."
Wichtelbert: "Ja, ich bin bereit. Ich bin so bereit wie nie! Was soll ich tun?"
Lasse: "Setz dich hier hin und schließ deine Augen. Konzentriere dich auf dein Herz und denke an deine Familie. Lass deine Liebe zu ihnen fließen."

Wichtelbert tat, wie ihm gesagt wurde. Nach einigen Minuten sah er plötzlich eine Vision von seiner Familie, wie sie glücklich und lachend zusammensaßen. Er erkannte, dass das perfekte Geschenk nicht etwas Materielles war, sondern die Zeit, die er mit seiner Familie verbrachte und die Liebe, die er ihnen schenkte.

Wichtelbert: "Jetzt versteh ich es endlich. Das perfekte Geschenk ist meine Zeit und Liebe für meine Familie."
Lasse: "Ja, genauso ist es. Du hast dein Herz geöffnet und die Wahrheit erkannt. Du musst jetzt nur zurückkehren und deine Liebe und Zeit mit deiner Familie teilen."
Wichtelbert: "Danke, dass du mir so sehr geholfen hast. Ich werde meine Familie so glücklich machen, wie ich nur kann."

Also kehrte Wichtelbert wieder zurück in sein Dorf und teilte seine neuen Erkenntnisse und seine Liebe mit seiner Familie. Sie hatten das beste Weihnachtsfest aller Zeiten und Wichtelbert war überglücklich darüber, dass er endlich das perfekte Geschenk gefunden hatte. Er hatte gelernt, dass das Wichtigste im Leben die Liebe und die Zeit ist, die man mit seinen geliebten Menschen verbringt.

Ida und der Zauber des Weihnachtszugs

In einem kleinen Dorf namens Wichtelhausen lebte ein Wichtel namens Ida. Ida war bekannt für ihre Schüchternheit und Ängstlichkeit. Sie war der einzige Wichtel im Dorf, der es vermied, sich an den aufregenden Abenteuern der anderen Wichtel zu beteiligen. Die anderen Wichtel nannten sie liebevoll "Ida, die Schüchterne", aber sie sehnte sich nach einer Veränderung. Nur wusste sie noch nicht genau wie.

Aber sie wusste, dass die Weihnachtszeit in Wichtelhausen immer etwas Besonderes war. Die Wichtel arbeiteten hart, um Geschenke für die Kinder in der Menschenwelt herzustellen. Ida bewunderte die anderen Wichtel, die mit Leidenschaft bei der Arbeit waren und sich nie vor Herausforderungen fürchteten. Eines Tages, als Ida in der Weihnachtswerkstatt arbeitete, hörte sie aufgeregt die Nachricht, dass ein besonders wichtiger Auftrag eingegangen war. Der Weihnachtsmann selbst hatte darum gebeten, einen besonderen Spielzeugzug für ein krankes Kind herzustellen. Dieser Zug sollte das Herz des Kindes auf magische Weise heilen.

Ida, die neugierig geworden war, nahm allen Mut zusammen und wagte sich den Auftrag anzunehmen, in der Hoffnung, dass es ihr helfen würde, ihre Schüchternheit zu überwinden. Sie machte sich sogleich an die Arbeit und begann, den zauberhaften Spielzeugzug zu bauen. Doch während des Herstellungsprozesses traten zahlreiche Herausforderungen auf. Die Räder des Zuges rollten nicht richtig, die Farben waren nicht so lebendig wie geplant, und Ida hatte Schwierigkeiten, die winzigen Details des Zuges richtig zu gestalten.

Eines Nachts, als Ida sich am Werkstatttisch abmühte und kurz vorm Verzweifeln war, tauchte ein anderer Wichtel namens Luna auf. Luna war ein fröhlicher und hilfsbereiter Wichtel, der immer ein offenes Ohr für die Sorgen der anderen hatte. "Ida, du scheinst dich ziemlich abzumühen", sagte Luna mitfühlend. Ida seufzte: "Ja, ich fürchte, ich bekomme diesen Zug einfach nicht hin. Und er ist so wichtig für das kranke Kind."

Luna lächelte aufmunternd. "Du musst nur an dich selbst glauben, Ida. Du bist viel stärker und talentierter, als du denkst. Lass uns zusammenarbeiten und diesen Zug zum Leben erwecken." Also begannen die beiden Wichtel Seite an Seite zu arbeiten. Ida gewann mehr Selbstvertrauen, als sie sah, wie Luna ihr half und an ihre Fähigkeiten glaubte. Sie überwanden jedes Problem und arbeiteten mit großer Hingabe daran, den magischen Spielzeugzug fertigzustellen.

Als der Weihnachtsmann den Zug schließlich abholte, lobte er Ida für ihre hervorragende Arbeit. Ida strahlte vor Stolz und Freude. Sie hatte nicht nur einen besonderen Zug hergestellt, sondern auch ihrer Schüchternheit getrotzt. Als der Weihnachtsabend kam, überreichte der Weihnachtsmann dem kranken Kind den zauberhaften Spielzeugzug. Die Augen des Kindes strahlten vor Glück, als es den Zug sah. Ab diesem Moment wusste Ida, dass sie etwas ganz Besonderes geschaffen hatte.

Von diesem Tag an war Ida nicht mehr "Ida, die Schüchterne", sondern "Ida, die Heldin". Sie hatte aus dieser Erfahrung gelernt, dass sie alles erreichen konnte, wenn sie nur an sich selbst glaubte. Außerdem wusste sie nun, dass wahre Stärke im Zusammenhalt mit anderen lag. So war es nicht verwunderlich, dass Ida und Luna besten Freunde wurden. Sie arbeiteten von da an immer zusammen, um die magischen Weihnachtswunder von Wichtelhausen Wirklichkeit werden zu lassen.

Finn und Santa's Werkstatt

Es war einmal ein Wichtel namens Finn, der immer neugierig war und alles wissen wollte. Dies führt dazu, dass er eines Tages mehr über die

Weihnachtsbräuche und Traditionen der Menschenwelt erfahren wollte. Er hatte gehört, dass Santa Claus eine Werkstatt hat, in der Elfen arbeiten, um Geschenke für Kinder auf der ganzen Welt herzustellen. Finn beschloss also, dass er sich aufmachen würde, um ein Jahr lang in Santa's Werkstatt zu arbeiten, um zu sehen, was es dort zu erfahren gibt.

Gesagt getan. Er machte sich auf den Weg in Richtung Polarkreis, wo Santa's Werkstatt seines Wissens nach lag. Als er dort ankam, war alles klar ausgeschildert und so ging er sofort in Santa's Werkstatt und traf auf einen Elfen namens Elvira, die ihn in die Werkstatt einführte. Sie sagte: "Willkommen in der Werkstatt von Santa Claus, Finn. Wir freuen uns, dass du bei uns arbeiten möchtest." Finn erwiderte: "Ich bin sehr dankbar für die Chance, hier zu arbeiten und mehr über die Weihnachtsbräuche zu erfahren. Allerdings kann ich nur ein Jahr bleiben."

Wissbegierig wie Finn war, machte er sich sofort an die Arbeit in der Werkstatt und lernte viele Dinge über die Herstellung von Geschenken und die Vorbereitungen für das Weihnachtsfest. Er arbeitete hart und half bei der Herstellung von Spielzeug, Süßigkeiten und aller möglicher Art von anderen Geschenken. Finn dachte sich: "Ich bin beeindruckt von der Arbeit, die hier geleistet wird. Ich habe hier bereits so viel gelernt und ich bin dankbar für die Erfahrung."

Im Laufe der Monate entwickelte Finn enge Freundschaften mit den anderen Elfen in der Werkstatt. Er lernte, wie man die besten Spielzeuge bastelt, die süßesten Leckereien zubereitet und wie man Geschenke mit Liebe und Sorgfalt verpackt. Die Tage in der Werkstatt vergingen wie im Flug, und Finn fand Freude darin, seinen Beitrag zur Freude der Kinder auf der ganzen Welt zu leisten.

Mit der Zeit bekam Finn auch die Gelegenheit, Santa Claus persönlich zu treffen. Santa war von Finns Neugier und seinem unermüdlichen Einsatz beeindruckt und erzählte ihm Geschichten über seine langjährige Arbeit als Geschenkebringer. Finn konnte Santa viele Fragen stellen und erfuhr, wie wichtig es war, die Freude und den Geist von Weihnachten in die Herzen der Menschen zu bringen.

Als die Weihnachtszeit näher rückte, wurde die Werkstatt hektischer und aufgeregter. Finn und die anderen Elfen arbeiteten Tag und Nacht, um sicherzustellen, dass alle Geschenke rechtzeitig fertig wurden. In dieser Zeit erlebte Finn den wahren Zauber von Weihnachten. Er spürte die Vorfreude in der Luft, die Liebe und Großzügigkeit, die die Menschen in dieser besonderen Zeit zeigten.

Schließlich kam der Weihnachtsabend, und Santa und seine Rentiere machten sich auf den Weg, um die Geschenke zu verteilen. Finn durfte in diesem Jahr mit Santa fliegen und half dabei, die Geschenke in die richtigen Häuser zu bringen. Er sah, wie glücklich die Kinder waren, als sie ihre Geschenke öffneten und er erkannte, wie wichtig die Arbeit in Santa's Werkstatt war. Es war eine unvergessliche Erfahrung, die Finn tief berührte und die er niemals mehr missen möchte.

Nachdem die Geschenke verteilt waren, kehrte Finn in die Werkstatt zurück, um seine Sachen zu packen. Sein Jahr in Santa's Werkstatt war vorbei, und es war Zeit, nach Hause zu gehen. Als er sich von seinen neuen Freunden verabschiedete, spürte er eine Mischung aus Dankbarkeit und Traurigkeit. Er hatte nicht nur viel über die Weihnachtstraditionen gelernt, sondern auch über die Bedeutung von Zusammenarbeit und Freundschaft.

Als Finn schließlich wieder in sein Wichteldorf zurückkam, teilte er sein Wissen und seine Erfahrungen mit den anderen Wichteln und half dabei, das Weihnachtsfest in seinem Dorf noch besonderer zu machen. Finn hatte gelernt, dass es an Weihnachten nicht nur darum geht, Geschenke zu bekommen, sondern auch darum, anderen zu helfen und ihnen eine Freude zu bereiten.

Und so lebte Finn glücklich und erfüllt, wissend, dass er den Geist von Weihnachten in seinem Herzen behalten würde und nun auch alles weiß, um die weihnachtlichen Werte wie Liebe, Freundschaft und Großzügigkeit ganzjährlich in seinem Wichteldorf zu etablieren. Denn ihm ist klar geworden, wie wertvoll es ist, diese Werte das ganze Jahr über zu leben und zu lehren und er war bereit, diese wunderbare Mission anzugehen.

Nils und die Magie

Es war einmal ein Weihnachtswichtel namens Nils, der in einem Wichteldorf lebte, in dem alle Wichtel über magische Fähigkeiten verfügten. Nils hatte jedoch nie herausgefunden, ob und welche magischen Fähigkeiten er besaß. Deswegen fühlte er sich immer unzulänglich im Vergleich zu seinen Wichtelgefährten. Eines Tages wurde es dann schließlich zur Gewissheit. Nils fand endgültig heraus, dass er der einzige in seiner Gemeinschaft war, der keine magischen Fähigkeiten hatte.

Aufgrund dieser Erkenntnis fiel er in eine leichte Depression und fühlte sich enttäuscht über sich selbst und das Leben im Allgemeinen. Dennoch wollte er irgendwas unternehmen und suchte Rat bei dem schlauen Wichtel Tomte. Als er in Tomte's Wohnung saß schüttete er sein Herz aus und meinte: "Ich fühle mich so anders als die anderen Wichtel. Ich habe keine magischen Fähigkeiten und ich fühle mich so schlecht deswegen."

Tomte, der Nils bereits sehr gut kannte, trat auf ihn zu und sagte: "Du unterschätzt dich Nils, du besitzt Fähigkeiten die andere nicht haben. Du bist stark und ausdauernd und du hast ein großes Herz. Das ist viel wichtiger als Magie." Diese Aufmunterung half Nils sich auf das zu fokussieren was er hat und nicht auf das was ihm fehlte. Also beschloss er, seine Fähigkeiten zu verbessern und sich selbst zu beweisen.

Er trainierte hart und lernte, seine körperlichen und geistigen Fähigkeiten zu verbessern. Er half auch anderen Wichteln, indem er sie ermutigte, noch schönere und bessere Geschenke für die Kinder vorzubereiten, sie mit schönem Geschenkpapier einzupacken und dann zu versenden. Natürlich half er auch selbst tatkräftig mit und wurde bald von den ersten Wichteln für seinen Einfallsreichtum und sein Engagement beneidet.

Als Nils dies immer mehr bewusst wurde, sagte er zu sich selbst: "Zum Glück habe ich erkannt, dass ich auf meine eigene Art wertvoll bin und dass ich meine Fähigkeiten verbessern und mich beweisen kann." Und Nils sollte mit seinem Gedankengang recht behalten. Denn mit der Zeit wurde Nils im Wichteldorf immer mehr geschätzt und respektiert, denn er hatte gezeigt, dass er ein wertvolles Mitglied der Gemeinschaft ist und das obwohl er keine magischen Fähigkeiten besaß.

Er half weiterhin immer tatkräftig dabei, das Weihnachtsfest vorzubereiten und sorgte mit seinen Ideen dafür, dass die Geschenke für die Kinder ein wahres Wunder der Freude wurden. Dazu halfen ihm die anderen Wichtel gerne, indem sie nach seinen Anweisungen ihre Magie wirken ließen. Es dauerte nicht lang, da begannen die anderen Wichtel Nils als Vorbild zu sehen und ermutigten ihn, seine Fähigkeiten noch weiter auszubauen.

Es gab sogar Wichtel, die ihm gestanden, dass sie so wie er sein wollten. Er sagte ihnen darauf, dass sie nicht wie er sein sollten, sondern sich auf ihre eigenen Talente und Fähigkeiten besinnen sollten und diese bestmöglich zum Nutzen aller einsetzen sollten. Denn er hatte gelernt, dass man sich auf das besinnen sollte, was man hat und gut kann und nicht auf das, was einem fehlt.

Aufgrund seiner immer größer werden Weisheit und seiner Tatkraft wurde Nils schließlich ein unverzichtbarer Teil des Wichteldorfs. Von jedem wurde er für seine harte Arbeit und sein großes Herz geschätzt. Er war überglücklich, denn er hatte jedem bewiesen, dass er ein wertvolles Mitglied der Gemeinschaft ist. Auch wusste er wie magisch es ist, sich nicht mit anderen zu vergleichen, sondern seine eigenen Stärken und Fähigkeiten zu schätzen.

Felix und das Fest des Lichts

Es war einmal ein kleiner Weihnachtswichtel namens Felix, der in einer verschneiten Hütte am Rande des Nordpols lebte. Felix war anders als die anderen Wichtel. Er war neugierig und abenteuerlustig. Er träumte davon, die Welt jenseits des Nordpols zu erkunden. Seine Freunde lachten über seine Träume, aber das konnte Felix nicht aufhalten.

An einem kalten Dezemberabend, als der Nordstern hell am Himmel leuchtete, packte Felix seinen Rucksack mit Lebkuchen und Zuckerstangen und machte sich auf den Weg. Er kletterte auf einen Schlitten und ließ sich von den Rentieren in die weite Welt ziehen. Bald erreichte er ein fernes Land, das er noch nie zuvor gesehen hatte.

Dort traf Felix auf einen freundlichen Jungen namens Luca, der gerade einen großen Stern auf einen Weihnachtsbaum hängte. "Hallo!", rief Felix und winkte dem Jungen zu. Luca sah überrascht aus und fragte erstmal:

"Wer bist du denn?" "Ich bin Felix, ein Weihnachtswichtel aus dem Nordpol", antwortete Felix. "Ich bin hier, weil ich wissen will, wie ihr Weihnachten feiert."

Luca lachte. "Komm, Felix, du kannst uns helfen, unseren Weihnachtsbaum zu schmücken!" Felix war begeistert und half Luca und seiner Familie, den Baum mit glitzernden Kugeln und funkelnden Lichtern zu schmücken. Während sie arbeiteten, erzählte Felix Luca von den Weihnachtstraditionen am Nordpol. "Wir haben den Weihnachtsmann, der Geschenke bringt, und wir feiern am 24. Dezember Weihnachten", sagte Felix.

Luca antwortete: "Hier in unserem Land feiern wir Weihnachten am 25. Dezember. Wir haben den Weihnachtsstern und ein Fest des Lichts." Sofort wollte Felix wissen, wie das Fest des Lichts gefeiert wird. Also erzählte Luca ihm von dem besonderen Brauch seines Landes: dem "Teilen des Lichts". Jeder Bürger bringt eine Kerze mit zum Stadtplatz und gemeinsam erleuchteten sie die Nacht. Das Licht symbolisiert dabei Liebe, Frieden und Zusammenhalt.

Felix war tief beeindruckt von dieser Idee. Sagte aber zu Luca, dass er nun wieder die Heimreise zum Nordpol antreten müsse. Also verabschiedeten sie sich und Felix, der immer noch fasziniert vom Fest des Lichts war, dachte, dass sich dieses gut mit der Weihnachtsfeier kombinieren ließe. Er kam schließlich am Nordpol an und erzählte seinen Freunden von seinem Abenteuer und seiner genialen Idee.

Die anderen Wichtel waren zuerst skeptisch, aber nach einer hitzigen Diskussion kamen sie zu dem Schluss, dass das Fest des Lichts tatsächlich gut zur Weihnachtsfeier passte. Also beschlossen sie, das Fest des Lichts in ihre eigene Weihnachtsfeier zu integrieren. Als dann der Weihnachtsabend am Nordpol kam, waren alle Wichtel aufgeregt.

Sie begannen, die letzten Vorbereitungen zu treffen und das Fest des Lichts an ihrem Stadtplatz zu feiern. Dort erleuchteten sie die Nacht mit Licht unter Anwesenheit von Familie, Freunden und Bekannten. Fast alle am Nordpol waren begeistert von der neuen Tradition und genossen die festliche Stimmung am Stadtplatz. Später dann wechselten sie zum traditionellen Weihnachtsfest über, das sie mit ihrer Familie feierten.

Felix war froh darüber, dass alles so gut geklappt hat. Er weiß nun, dass Weihnachten in manchen Ländern anders gefeiert wird diese Feste jedoch ebenfalls den Zusammenhalt, die Freundlichkeit, die Freude und die Liebe stärken. Er fand nun endgültig, dass es eine gute Idee war, von Luca's Kultur zu lernen und neue Elemente in die eigene Tradition zu integrieren, um Weihnachten noch besonderer zu machen.

Wurde früher primär mit Familie und Freunden Weihnachten gefeiert, wurde dies dank des Fests des Lichts auf Bekannte ausgeweitet. Und so feiert man am Nordpol heute ein Weihnachtsfest, das die besten Elemente aus verschiedenen Kulturen vereint. Es herrscht dort eine Zeit des Friedens und der Freude, und jeder weiß, dass sie durch ihre Offenheit und Neugierde einander und der Welt eine größere Liebe schenken können.

Vertrauensprobe für Murrel

Es war eine kalte, stürmische Nacht im Wichteldorf. Die Wichtel hatten sich gerade in ihren gemütlichen Hütten versammelt, um sich auf das bevorstehende Weihnachtsfest vorzubereiten. Da tauchte eine geheimnisvolle Weihnachtskarte auf, die alle Wichtel in Aufregung versetzte. Der alte Wichtel namens Willi, der als der Weiseste im Dorf galt, hielt die Karte hoch und begann vorzulesen: "An die Wichtel des Wichteldorfs, eure Hilfe wird benötigt. Findet den einsamen alten Mann namens Herr Müller und helft ihm, wieder Freude an Weihnachten zu finden."

Die anderen Wichtel, darunter die freundliche Tessa und der neugierige Felix, schauten sich gespannt an. Doch inmitten der aufgeregten Stimmen gab es einen Wichtel, der skeptisch dreinschaute. Sein Name war Murrel, und er zweifelte an der Echtheit der Karte. "Das ist doch bestimmt nur ein Streich oder eine List", murrte er. "Wir sollten uns lieber auf unsere eigenen Weihnachtsvorbereitungen konzentrieren."

Die anderen Wichtel jedoch ließen sich nicht von Murrels Misstrauen beirren. Sie beschlossen einstimmig, der geheimnisvollen Weihnachtskarte zu folgen und Herrn Müller zu finden. Tessa sagte: "Vielleicht können wir ihm wirklich helfen und ihm eine besondere Weihnachtsfreude bereiten." Felix fügte hinzu: "Es wird bestimmt ein aufregendes Abenteuer, und wir könnten neue Freunde kennenlernen."

Die Wichtel machten sich also auf den Weg und folgten den Hinweisen auf der Karte. Sie wanderten durch schneebedeckte Wälder, überquerten gefrorene Flüsse und kletterten steile Berghänge hinauf, bis sie schließlich ein kleines, abgelegenes Häuschen erreichten. Dort lebte der einsame Herr Müller. Wie sie schnell erkannten, handelte es sich bei Herrn Müller um einen freundlichen, alten Mann, der in den letzten Jahren den Glauben an die Weihnachtsfreude verloren hatte.

Als er die Wichtel sah, die vor seiner Tür standen und ihm von der geheimnisvollen Karte erzählten, begann sein Herz wieder zu erwärmen. Er lud sie in sein Haus ein und erzählte von vergangenen Weihnachtsfesten, die er alleine verbracht hatte. Die Wichtel beschlossen daraufhin, Herrn Müller bei den Vorbereitungen für das bevorstehende Weihnachtsfest zu helfen. Sie schmückten den Baum, backten Plätzchen, sangen Lieder und erzählten Geschichten.

Langsam aber sicher kehrte die Freude in Herrn Müllers Herz zurück, und er begann zu lächeln. Murrel, der anfangs so skeptisch gewesen war, konnte nicht anders, als sich von der Freude und dem Glanz in Herrn Müllers Augen anstecken zu lassen. Er merkte, wie wichtig es war, anderen Menschen in der Weihnachtszeit beizustehen und Freude zu schenken.

Am Weihnachtsabend feierten einige Wichtel gemeinsam ein fröhliches Fest mit Herrn Müller, das er niemals vergessen würde. Die geheimnisvolle Weihnachtskarte hatte nicht nur sein Leben verändert, sondern auch das Herz von Murrel. Murrel kannte nun endgültig die wahre Bedeutung von Mitgefühl und Nächstenliebe und erkannte, dass Weihnachten nicht nur Geschenke und Dekorationen bedeutet, sondern vor allem die Liebe und Freundschaft, die man teilen konnte.

Und so endete der Weihnachtsabend mit einem festlichen Lächeln auf den Gesichtern der Wichtel und auf dem Gesicht von Herrn Müller. Außerdem rief dies allen wieder in Erinnerung, dass Weihnachten mehr ist als nur ein Tag im Kalender - es ist eine Zeit des Gebens und der Verbundenheit, die Herzen erwärmen kann, selbst in den kältesten Winternächten. Danach konnten die Wichtel noch zwei weitere Weihnachtsabende mit Herrn Müller feiern, bis er glücklich einschlief.

Ferdinand und die Liebe

In einem verschneiten Wäldchen namens Tannenzweiglein lebte ein kleiner Wichtel namens Ferdinand. Er war einer der eifrigsten Weihnachtswichtel in der Werkstatt des Weihnachtsmanns. Jeden Tag schnitzte er fleißig Spielzeug, verpackte Geschenke und sorgte dafür, dass alles für das große Fest rechtzeitig fertig wurde. Doch Ferdinand war nicht nur fleißig, sondern auch ein Wichtel mit einem großen Herzen.

Er war stets freundlich zu seinen Mitwichteln und half jedem, der seine Hilfe brauchte. Doch in seinem Herzen trug er ein Geheimnis, das ihn schon lange quälte. Er hatte sich unsterblich in eine Wichteldame namens Greta verliebt, die in der Nähe der Zuckerstangenwerkstatt arbeitete. Greta war wunderschön, mit funkelnden Augen und einem Lächeln, das den Schnee zum Schmelzen brachte.

Eines Tages, während einer Pause, wagte Ferdinand den Mut zu fassen und sprach Greta an. "Hallo, Greta," sagte er schüchtern. "Ich wollte dich schon lange ansprechen. Ich finde dich unglaublich bezaubernd." Greta lächelte höflich, doch in ihren Augen lag keine Erwiderung der Gefühle. "Danke, Ferdinand. Du bist auch ein netter Wichtel."

Ferdinand fühlte sich, als hätte ihn der Nordwind durchgefroren. Sein Herz schien zu zerspringen, als er merkte, dass Greta seine Liebe nicht erwiderte. Er zog sich zurück, verbrachte weniger Zeit in der Werkstatt und fühlte sich niedergeschlagen. Ein weiser alter Wichtel namens Jasper bemerkte schließlich Ferdinands Traurigkeit und setzte sich neben ihn. "Ferdinand, ich sehe, dass du dich niedergeschlagen fühlst. Was ist los?"

Ferdinand seufzte und erzählte Jasper von seiner unglücklichen Liebe zu Greta. "Ich habe gehofft, dass sie meine Liebe erwidern würde, aber sie scheint kein Interesse an mir zu haben." Jasper lächelte weise. "Ferdinand, lass mich dir etwas Wichtiges sagen. Dein Selbstwertgefühl sollte nicht von der Liebe einer anderen Person abhängen. Du bist ein großartiger Wichtel, unabhängig davon, ob Greta deine Gefühle erwidert oder nicht. Du musst lernen, dich selbst zu schätzen und deinen eigenen Wert zu erkennen."

Ferdinand war skeptisch, aber er beschloss, Jaspers Rat zu befolgen. Er begann, sich auf seine Arbeit zu konzentrieren und seine Fähigkeiten weiterzuentwickeln. Er half seinen Mitwichteln noch mehr und versuchte, ein besserer Freund zu sein. Mit der Zeit bemerkten seine Mitwichtel seine positive Veränderung. Sie schätzten seine Freundlichkeit und seinen Fleiß noch mehr als zuvor. Ferdinand begann, sich selbst mehr zu mögen und sein Selbstwertgefühl wuchs.

An einem frostigen Abend kurz vor Weihnachten, als die Werkstatt in geschäftiger Aufregung war, kam Greta zu Ferdinand. "Ferdinand, ich muss dir etwas sagen", begann sie zögerlich. "In den letzten Wochen habe ich dich genau beobachtet. Du bist so nett, hilfsbereit und talentiert. Ich habe gemerkt, dass ich mich in dich verliebt habe." Ferdinand war überrascht, aber erinnerte sich an Jaspers Worte. Er lächelte sanft und sagte: "Greta, das bedeutet mir viel. Ich habe gelernt, dass mein Selbstwertgefühl von innen kommt, und ich schätze deine Gefühle sehr. Ich liebe dich auch."

Und so fanden Ferdinand und Greta zueinander, nicht nur weil Greta nun Ferdinands Liebe erwiderte, sondern weil Ferdinand gelernt hatte, sich selbst zu lieben und seinen eigenen Wert zu erkennen. Dadurch traute er sich mehr zu, erreichte mehr und andere Wichtel schauten zu ihm auf. Dies hatte auch Greta bemerkt und rief in ihr die Unsicherheit hervor einen so tollen Wichtel wie Ferdinand ziehen zu lassen. Ferdinand wusste nun, dass sich wahre Liebe dann entwickelt, wenn man am wenigsten damit rechnet und dass Selbstliebe der Schlüssel zu Glück und Erfüllung ist.

Hannahs außergewöhnlicher Wunsch

Es war an dem Abend vor Heiligabend in dem verschneiten Städtchen Rosenthal. In einem gemütlichen Haus am Rande des Waldes saß ein kleines Mädchen namens Hannah am Schreibtisch. Ihr Gesicht war gezeichnet von Traurigkeit, denn sie hatte einen verzweifelten Wunsch, den sie zu Weihnachten erfüllt sehen wollte. "Warum ist Papa nicht hier, um Weihnachten mit uns zu feiern?", murmelte Hannah vor sich hin, während sie einen Brief an den Weihnachtsmann schrieb.

Ihr Vater war Ingenieur und hatte einen wichtigen Auftrag im Ausland, weshalb er dieses Jahr nicht zuhause war. Hannah konnte das aber nicht akzeptieren und war sehr traurig. Deswegen schreibe sie in den Brief, dass sie sich wünscht, dass ihr Vater an Weihnachten zuhause ist. Nachdem sie ihren Brief vollendet hatte, faltete sie ihn sorgfältig zusammen und steckte ihn in einen Umschlag. Sie legte den Umschlag in den Briefkasten vor ihrem Haus und seufzte schwer.

In der Zwischenzeit, tief im Wald, wanderte ein kleiner Wichtel namens Adela einsam umher. Adela war winzig, hatte rote Haare und trug ein knallgrünes Gewand. Normalerweise war sie damit beschäftigt, im Wichteldorf Geschenke für die Menschen zu basteln, aber heute fühlte sie sich einsam und verlassen. Als Adela so am Waldrand dahinschlenderte, hörte sie plötzlich ein leises Schluchzen. Neugierig folgte sie dem Geräusch und fand Hannah, wie sie am Briefkasten stand und weinte.

"Warum weinst du, kleines Mädchen?", fragte Adela besorgt. Hannah schreckte auf und sah den Wichtel mit großen Augen an. "Oh, du bist ein Wichtel! Ich weine, weil mein Papa an Weihnachten nicht bei uns sein kann. Ich habe einen Brief an den Weihnachtsmann geschrieben und ihn in den Briefkasten gesteckt, aber ich weiß nicht, ob der Weihnachtsmann ihn jemals lesen wird."

Adela nickte verständnisvoll. "Ich kann dir helfen, Hannah. Ich bin Adela, und ich kann deinen Brief verzaubern, damit er direkt zum Weihnachtsmann gelangt." Hannah lächelte schwach. "Wirklich? Das wäre fantastisch!" Also schloss Adela ihre Augen und begann, leise etwas zu murmeln. Dann streute sie magisches Wichtelpulver über den Brief und plötzlich begann der Umschlag zu schimmern und erhob sich in die Luft. "Jetzt wird der Brief sicher zum Weihnachtsmann fliegen", sagte Adela. "Und ich werde sicherstellen, dass er deinen Wunsch hört."

In dieser Nacht, als Hannah in ihrem Bett schlief, öffnete der Weihnachtsmann ihren magischen Brief. Er lächelte, als er las, was Hannah sich so sehr wünschte, und beschloss, ihren Herzenswunsch zu erfüllen. Am nächsten Morgen, an Heiligabend, wachte Hannah auf und hörte fröhliche Stimmen im Wohnzimmer. Als sie die Tür öffnete, sah sie ihren Papa, der vor dem festlich geschmückten Weihnachtsbaum stand.

"Papa! Du bist hier!", rief Hannah vor Freude aus. Ihr Vater lächelte und umarmte sie fest. "Ich habe deinen Brief vom Weihnachtsmann überreicht bekommen, mein Schatz. Ich wollte Weihnachten nachdem ich deinen Brief las, nicht ohne dich verbringen." Also hat der Weihnachtsmann mich in seinen wunderschönen Zauberschlitten gesetzt und nachhause gebracht.

Hannah strahlte vor Glück und wusste, dass ihr Herzenswunsch dank Adela und dem Weihnachtsmann in Erfüllung gegangen war. Es war das schönste Weihnachten, das sie je erlebt hatte. Und Adela? Adela kehrte zufrieden ins Wichteldorf zurück, wissend, dass sie dazu beigetragen hatte, einen ganz besonderen Weihnachtswunsch wahr werden zu lassen.

Jockel und seine Familie

In einem verschneiten Dorf namens Wichtelhausen lebte ein kleiner Wichtel namens Jockel. Jockel war der jüngste von fünf Geschwistern. Doch seine Geschwister spielten nur selten mit ihm, da ein großer Altersunterschied bestand. Jockel fühlte sich aufgrund dieses Verhaltens oft von seiner Familie ungeliebt. Seine Geschwister schienen ihn ständig zu übersehen und seine Eltern hatten selten Zeit für ihn. Diese Einsamkeit und das Gefühl der Vernachlässigung machten Jockel zornig und verbittert.

"Warum kümmert sich niemand um mich?", dachte Jockel immer wieder, während er einsam in seinem winzigen Wichtelzimmer saß und Tränen der Wut vergoss. Schließlich eines Tages, kurz vor Weihnachten, geschah etwas Außergewöhnliches. Ein mächtiger Schneesturm brach über Wichtelhausen herein und die Straßen waren bald vollständig von einer dicken Schneedecke bedeckt. Die Bewohner des Dorfes waren in ihren Häusern gefangen und wollten auf keinen Fall nach draußen.

Jockel, der immer noch wütend war und sich vernachlässigt fühlte, beschloss, die Gelegenheit zu nutzen und sich an seinen Geschwistern zu rächen. Er schlich sich in das Haus seiner Familie und begann, ihre Geschenke zu stehlen. "Wenn sie sich nicht um mich kümmern", dachte er, "warum sollte ich mich um ihre Geschenke kümmern? Sie haben die Geschenke gar nicht verdient."

Als Jockel die Geschenke auf seinen Schlitten lud, hörte er plötzlich ein leises Wimmern. Er folgte dem Klang und entdeckte einen verirrten Welpen, der im Schnee festsaß. Das arme Tier zitterte vor Kälte und Angst. Jockel, der trotz seiner Wut ein gutes Herz hatte, konnte nicht anders, als dem Welpen zu helfen. Er befreite ihn aus dem Schnee und nahm ihn mit in seine selbstgebaute Hütte im Wald, wo er ihn wärmte und fütterte.

Der kleine Welpe schaute Jockel mit seinen dankbaren Augen an und Jockel konnte nicht anders, als zu lächeln. Er spürte, wie sich sein Herz erwärmte und erkannte dabei langsam, wie falsch sein Plan gewesen war, die Geschenke seiner Familie zu stehlen. Der Schneesturm dauerte noch eine Weile an, also verbrachte Jockel die Zeit mit dem Welpen, den er Lucky nannte. Die beiden wurden schnell unzertrennlich und Jockel fühlte sich zum ersten Mal in seinem Leben wirklich geliebt und geschätzt.

Als der Schneesturm endlich vorüber war und die Bewohner von Wichtelhausen ihre Häuser wieder verlassen konnten, kehrte Jockel mit den gestohlenen Geschenken zurück. Aber diesmal tat er es nicht aus Wut oder Rache, sondern aus Liebe und Reue. Seine Familie war darüber überrascht und dankbar, dass er die Geschenke zurückgebracht hatte. Sie entschuldigten sich bei Jockel, denn sie hatten in der Zwischenzeit erkannten, wie sehr sie ihn vernachlässigt hatten. Jockel verzieh ihnen von Herzen und versprach, in Zukunft nicht mehr so zornig zu sein.

Die Weihnachtszeit in Wichtelhausen wurde zu einer der schönsten, die das Dorf je erlebt hatte. Jockel und Lucky halfen beim Schmücken des Weihnachtsbaums und verteilten Geschenke an die Kinder des Dorfes. Jockel fühlte sich endlich geliebt und akzeptiert, denn er wusste, dass er das schönste Geschenk von allen erhalten hatte - das Geschenk der Liebe und Freundschaft.

Die Geschichte von Jockel dem Weihnachtswichtel verbreitete sich im ganzen Dorf. Die anderen Wichtel lernten daraus, wie wichtig es ist, einander zu lieben und zu schätzen. Jockel hatte somit ohne es zu ahnen nicht nur sein eigenes Herz geheilt, sondern auch die Herzen seiner Familie und seiner Dorfgemeinschaft. Er hatte nun an seinem eigenen Beispiel erkannt, dass andere einen oft so behandeln, wie man sie behandelt hatte. Nur indem vergeben konnte, hatte er diese Negativspirale beendet.

Der großzügige Wichtel Willbur

In einem verschneiten Wichteldorf namens Tannenhöhle lebte ein Wichtel namens Willbur. Er war bekannt für seinen Reichtum und sein goldenes Herz. Über die Jahre hinweg hatte er vielen seiner Mitwichtel geholfen, sei es durch seine großzügigen Geschenke oder durch seine Ratschläge. Er hatte Kindern, Spielzeug und Bildungsmöglichkeiten gegeben, den hungrigen Wichteln Essen gebracht und den müden Wichteln ein gemütliches Plätzchen zum Schlafen angeboten. Willbur war großzügig und immer zur Stelle, wenn jemand seine Hilfe benötigte.

Eines eisigen Winterabends, als der Schnee meterhoch lag und der Wind eisig durch die Gassen heulte, saß Willbur allein in seiner gemütlichen Hütte. Die Nachrichten über eine bevorstehende schwere Sturmwarnung hatten ihn beunruhigt. Die Vorräte an Essen und Holz waren knapp, und viele Wichtel in Tannenhöhle litten bereits unter der Kälte. "Ich kann nicht zulassen, dass meine Freunde und Nachbarn in dieser Notlage verweilen", murmelte Willbur vor sich hin, als er in den lodernden Kamin starrte.

Entschlossen packte er einige seiner kostbaren Schätze in einen großen Sack und machte sich auf den Weg durch den Schnee zu den Hütten seiner Mitwichtel. Er klopfte an Türen, verteilte die gekaufte Nahrung, das Holz und die Kleidung und versuchte, so vielen wie möglich zu helfen. Doch der Sturm wurde immer schlimmer und Willbur konnte nicht zu allen gelangen. Als er schließlich in seine eigene Hütte zurückkehrte, war er erschöpft und klamm. Denn er hatte sehr viel ausgegeben und sein Schatzkammerhütte wurde vom Sturm mitsamt den Kostbarkeiten davongeweht.

So waren nun auch seine Schätze aufgebraucht und er selbst hatte nicht genug Vorräte für die kommenden Wochen. Die Sorge um seine Mitwichtel überwältigte ihn. Es machte ihn sehr traurig als er daran dachte, dass er ihnen nicht mehr helfen konnte. Von seiner Verzweiflung getrieben, griff Willbur nach einem alten Seil, das er früher zum Ziehen von Schlitten verwendet hatte. Er überlegte, ob er sich selbst Schaden zufügen sollte, damit zumindest seine Mitwichtel mit dem wenigen Essen versorgt sind, das er noch hatte.

Gerade als er das Seil um einen Balken binden wollte, hörte er ein lautes Klopfen an seiner Tür. Verwundert und mit Tränen in den Augen öffnete er die Tür und sah seinen Freund Lukas vor sich stehen. "Lukas, was machst du hier bei diesem Sturm?", fragte Willbur. "Ich habe gehört, dass du in Schwierigkeiten steckst, Willbur", antwortete Lukas. "Ich habe einige andere Mitwichtel informiert, wir sind hier, um dir zu helfen."

Und tatsächlich, hinter Lukas tauchten immer mehr Wichtel aus dem Schneegestöber auf. Sie hatten von Willburs Notlage erfahren und brachten Essen, Holz sowie warme Kleidung mit. Willbur, der sich gerade noch wertlos und verzweifelt gefühlt hatte, konnte sein Glück kaum fassen. Warmen Herzens sagte er zu den anderen Wichteln: "Ich kann euch gar nicht genug danken, meine Freunde. Ihr seid meine Rettung!"

Einer der Wichtel, Marie, lächelte und sagte: "Das ist der Dank dafür, dass du uns in der Vergangenheit so oft geholfen hast, Willbur. Jetzt sind wir hier, um dir in deiner Stunde der Not zu helfen." Die Wichtel verbrachten die Nacht gemeinsam in Willburs Hütte, teilten Essen, Geschichten und Wärme. Der Sturm tobte draußen, aber im Inneren herrschte ein Gefühl der Gemeinschaft und des Zusammenhalts. Willbur lernte an diesem Abend eine wichtige Lektion: Es ist immer gut, anderen zu helfen, aber es ist genauso wichtig, Hilfe anzunehmen, wenn man sie braucht.

So wussten die Wichtel in Tannenhöhle und nun auch Willbur, dass sie aufeinander zählen konnten, egal wie schwer die Zeiten waren. Als der

Sturm sich in den nächsten Tagen wieder legte, sammelten sie alle weggefegten Gegenstände ein, die sie finden konnten. Sie bauten gemeinsam eingestürzte Hütten wieder auf und sorgten dafür, dass jeder Wichtel Essen und Unterschlupf hatte. Es dauerte nicht lange, da brach die Sonne durch die restlichen Wolken und Tannenhöhle erstrahlte im glitzernden Schnee. Willbur und seine Mitwichtel wussten nun, dass ihre Gemeinschaft gestärkt aus dieser Prüfung hervorgegangen war.

Oscar der Geschichtenerzähler

Es war eine kalte Dezembernacht im Wichteldorf von Glitzertal, wo die Weihnachtswichtel fleißig damit beschäftigt waren, Geschenke zu verpacken, Spielzeuge fertigzustellen und Lebkuchen für die große Weihnachtsfeier vorzubereiten. Inmitten des geschäftigen Treibens saß ein alter Weihnachtswichtel namens Oskar auf einem Baumstumpf und erzählte Geschichten. "Kinder, Kinder!" rief Oskar mit aufgeregter Stimme. "Hört, hört! Lasst mich euch von den Abenteuern des legendären Schlittenlenkers Elias erzählen! Er war mutig und klug, und er trotzte den gefährlichsten Schneestürmen!"

Aber die jüngeren Wichtel rannten vorbei, zu sehr damit beschäftigt, ihre eigenen Aufgaben zu erfüllen und zu desinteressiert an Oskars Geschichten. Sie lachten teilweise sogar über ihn, tuschelten hinter seinem Rücken und ignorierten die Weisheiten des alten Oskars. "Niemand hat Zeit für deine alten Geschichten, Oskar und brauchen tut sie auch keiner" spottete einer der jungen Wichtel und ging weiter. Oskar seufzte und lehnte sich gegen den Baumstumpf. Er liebte es, Geschichten zu erzählen, doch niemand schien seine Geschichten zu schätzen. Er fühlte sich überflüssig.

Bereits in dieser Nacht sollte sich jedoch alles für die Wichtel in Glitzertal ändern. Als der Vollmond am Himmel stand und der Wind durch die Tannen heulte, geschah etwas unerwartet Schreckliches. Ein lautes Knirschen und Krachen ertönte, gefolgt von schrillen Rufen. "Der Schlitten! Der Schlitten! Er ist umgekippt!" rief einer der Wichtel. Panik brach aus, als die anderen Wichtel herbeieilten, um zu helfen. Der Schlitten mit den Geschenken für die Kinder auf der ganzen Welt, lag auf der Seite und war mit Schnee bedeckt. Die kostbaren Geschenke lagen überall verstreut.

"Was machen wir jetzt?" rief einer der Wichtel verzweifelt. "Wir werden vielleicht die Geschenke rechtzeitig wieder einsammeln können, aber den Schlitten aus dem Schnee zu befreien und wieder aufzustellen, wird zu lange dauern!" In diesem Moment trat der alte Oskar aus dem Schatten. "Ruhe, meine Freunde," sagte er ruhig. "Ich habe eine Geschichte, die euch helfen kann." Die anderen Wichtel sahen ihn skeptisch und argwöhnisch an, aber sie hatten keine andere Wahl, als zuzuhören.

Oskar begann zu erzählen: "Vor vielen Jahren gab es einen jungen Wichtel namens Elias. Er war klein und schwach, aber er hatte einen großen Traum. Er wollte unbedingt ein Schlittenlenker werden. Die anderen Wichtel lachten über ihn und sagten, er sei zu schwach und zu unerfahren, aber er schmiedete einen Trainingsplan." Dann machte Oskar eine Pause, während bereits einige der Wichtel anfingen gespannt der Geschichte von Oskar zu lauschen, natürlich in der erwartungsvollen Hoffnung, dass sie dank dieser Geschichte auch wirklich ihr Problem lösen können.

Dann fuhr Oskar fort: "Obwohl Elias oft ausgelacht wurde, gab er nicht auf. Er übte Tag und Nacht, bis er schließlich so geschickt im Lenken des Schlittens wurde wie kein anderer Wichtel jemals zuvor. Als eines Tages ein Schneesturm das Dorf heimsuchte und die anderen Wichtel verzweifelt waren, trat Elias mutig vor und meinte 'Ich werde den Schlitten sicher lenken, aber ich brauche eure Hilfe, um die Startbahn lange genug vom Schnee befreit zu halten.'"

Mehrere der Wichtel wurden unruhig, weil sie dachten, dass Oskar nur ihre wertvolle Zeit verschwendet, die eh schon knapp genug war. Andere erkannten jedoch, dass Oskar mit dieser Geschichte auf etwas hinauswollte. Deswegen sagten sie, dass wieder Ruhe einkehren sollte, damit Oskar die Geschichte weitererzählen kann. Da den unruhigen Wichteln keine Lösung für ihr Problem einfiel, ließen sie sich darauf ein. Allerdings wollten sie, dass Oskar die Geschichte so kurz wie möglich hält.

Also erzählte Oskar weiter: "Die anderen Wichtel, die bereits gesehen hatten, zu was für einem guten Schlittenlenker Elias sich entwickelt hatte, schöpften volles Vertrauen zu ihm und halfen mit ihrer Magie eine Startbahn aus Eis zu zaubern und den Schnee lange genug zurückzuhalten. Diese nutzte Elias, um mit dem Schlitten sicher abzuheben. Gemeinsam mit der Unterstützung zweier anderer Wichtel lenkte er den Schlitten durch den Sturm und brachte die Geschenke sicher zu den Kindern."

Diejenigen Wichtel, welche Oskars Geschichte wirklich aufmerksam zugehört hatten, begannen nun die Bedeutung hinter seiner Geschichte zu erkennen. Plötzlich hatten sie Hoffnung geschöpft. Sie erkannten, dass sie wie Elias handeln mussten. Für die Wichtel, die es noch nicht verstanden hatten, fügte Oskar noch hinzu: "Gemeinsam können wir den Schlitten wieder aufrichten und die Geschenke rechtzeitig liefern. Wir müssen zusammenarbeiten und Geduld haben, genau wie Elias. Wenn jeder panisch und unüberlegt handelt, dann vergeuden wir zu viel Zeit und Energie."

Die Wichtel nickten zustimmend und gingen überlegt ans Werk. Während zwei der Wichtel Tiere aus dem Wald zur Hilfe holten, sammelten die anderen Wichtel die Geschenke ein. Als die beiden Wichtel mit einigen Tieren wiederkamen, gelang es den Wichteln und den Tieren mit vereinten Kräften den Schlitten aus dem Schnee zu befreien, wieder aufzurichten und im Anschluss die Geschenke wieder aufzuladen. Sie hatten mit Köpfchen und gut geplanter Zusammenarbeit in nur einer halben Stunde das geschafft, was sie zuvor für eine schwere langwierige Aufgabe hielten.

Zudem hatten die Wichtel in dieser Nacht eine sehr wichtige Lektion gelernt. Denn sie erkannten, dass die Geschichten von Oskar nicht nur unterhaltsam waren, sondern auch wertvolle Lehren enthielten. Geduld, überlegte Planung und Zusammenarbeit waren in diesem Fall der Schlüssel zum Erfolg, genau wie in der Geschichte von Elias, dem mutigen Schlittenlenker. Und so kam es, dass die Wichtel von diesem Tag an Oskar wieder aufmerksam zuhörten, wenn er Geschichten erzählte. Sie erkannten den Wert seiner Worte und schätzten seine Weisheit.

Natürlich war es den Wichteln von Glitzertal auch gelungen, die Geschenke rechtzeitig zu liefern und die Kinder auf der ganzen Welt glücklich zu machen. So mussten sie weder die Kinder noch den erkrankten Weihnachtsmann enttäuschen, der dieses Jahr auf seine Wichtel gezählt hatte, um die Geschenke auszuliefern. Und Oskar, der alte Weihnachtswichtel, fand seinen Platz im Herzen der Gemeinschaft wieder, denn seine Geschichte hatte nicht nur die Bedeutung von Planung und Zusammenarbeit gelehrt, sondern gleichzeitig die anderen Wichtel darauf aufmerksam gemacht, wie wertvoll die Weisheiten eines alten Wichtels sein können.

Emmas ungewöhnliche Entdeckung

Es war einmal eine junge Weihnachtswichteldame namens Emma. Sie lebte in der Werkstatt des Weihnachtsmanns, wo sie Geschenke herstellte und sich um die Vorbereitungen für das Weihnachtsfest kümmerte. Doch obwohl sie in einer Gemeinschaft von Wichteln lebte, fühlte sie sich sehr einsam. Keiner der anderen Weihnachtswichtel wollte mit ihr etwas zu tun haben. Sie schienen sich vor ihr zu fürchten und mieden ihre Nähe.

Emma wusste nicht, was sie falsch gemacht hatte. Sie hatte sich immer bemüht, freundlich zu sein und ihre Arbeit gut zu erledigen. Aber die anderen Wichtel schienen sie einfach nicht zu mögen. Eines Tages entschied Emma, dass es so nicht weitergehen konnte. Sie wollte nicht länger einsam sein und beschloss, die Sache in die Hand zu nehmen. Sie begann aktiv auf die anderen Weihnachtswichtel zuzugehen und mit ihnen zu sprechen. Doch immer, wenn sie das tat, wurden sie noch verschlossener und schienen noch mehr Abstand zu ihr herzustellen.

Emma war verzweifelt. Sie hatte gehofft, dass ihre Offenheit und Freundlichkeit die anderen Wichtel dazu bringen würde, sie näher an sich heranzulassen, aber es schien nicht zu funktionieren, sondern sogar das Gegenteil zu bewirken. Eines Tages jedoch, als sie wieder einmal allein in einem Zimmer der Werkstatt arbeitete, hörte sie Stimmen aus dem Nebenraum. Sie beschloss, nachzuschauen, wer sich dort aufhielt, und öffnete die Tür.

Zu ihrer Überraschung sah sie drei Weihnachtswichtel, die sich über sie unterhielten. Sie waren so sehr in ihr Gespräch vertieft, dass sie Emma gar nicht bemerkten. Emma wollte schon wieder umkehren, als sie plötzlich etwas hörte, das ihre Welt auf den Kopf stellte. "Sie ist doch nur ein Mensch", sagte einer der Wichtel. Emma konnte es nicht fassen. Sie ist ein Mensch? Das erklärte alles. Die anderen Wichtel fürchten sich vor ihr, weil sie anders ist. Sie ist keine Wichteldame, sondern ein Mensch!

Emma war zunächst geschockt. Sie hatte ihr ganzes Leben lang geglaubt, eine Wichteldame zu sein. Aber als sie genauer darüber nachdachte, fielen ihr viele Dinge ein, die sie nie verstanden hatte. Warum war sie so viel größer als die anderen Wichtel? Warum hatte sie so andere Augen? Warum konnte sie so viel mehr essen als die anderen?

Als Emma sich von dem Schock erholt hatte, beschloss sie, ihr Schicksal anzunehmen. Sie würde zwar immer anders sein als die anderen Wichtel, aber das bedeutete nicht, dass sie sich vor ihnen verstecken musste. Im Gegenteil, sie würde selbstbewusst zu sich stehen und ihren Platz in der Gemeinschaft finden. Als sie in die Werkstatt zurückkehrte, fiel ihr Blick auf die anderen Weihnachtswichtel, die sie mit Argwohn beobachteten. Doch dieses Mal spürte sie keinen Schmerz mehr.

Sie wusste, wer sie war und was sie wollte. "Hey, ich bin Emma und ich bin ein Mensch", sagte sie zu einem der Wichtel und lächelte ihn an. Die anderen Wichtel, die Emmas unerwartete Aussage mitangehört hatten, sahen sich untereinander an, als ob sie nicht sicher waren, wie sie reagieren sollten. Schließlich räusperte sich der Wichtel und antwortete zögerlich: "Hallo, Emma. Ich bin Max." Die anderen beiden Wichtel, Mia und Lukas, nickten ebenfalls und murmelten ihre Begrüßungen.

Emma bemerkte, dass ihre Anwesenheit die anderen Wichtel immer noch verunsicherte, aber sie ließ sich nicht entmutigen. "Es tut mir leid, wenn ich euch überrasche", sagte sie ehrlich. "Ich habe gerade erst erfahren, dass ich ein Mensch bin. Ich hatte keine Ahnung." Max, Mia und Lukas tauschten skeptische Blicke aus, aber sie schienen zumindest neugierig zu sein. Dann dauerte es noch einige Zeit, bis Max sich schließlich zu einer Frage durchrang: "Das ist wirklich seltsam, aber warum hast du uns das erzählt?"

Emma seufzte und erklärte: "Ich habe mich mein ganzes Leben lang hier einsam gefühlt, weil ich dachte, dass die anderen Wichtel mich nicht mögen. Ich wollte wissen, warum ihr mich gemieden habt, und jetzt weiß ich es." Mia sah nachdenklich aus und sagte schließlich: "Wir haben uns vor dir gefürchtet, weil wir nicht wussten, wie du reagieren würdest, wenn du herausfindest, wer du wirklich bist. Wir dachten, du könntest uns verraten oder uns wehtun."

Lukas fügte hinzu: "Aber wir sehen jetzt, dass du genauso verwirrt und verletzt warst wie wir. Es tut uns leid, dass wir dich so behandelt haben." Emma lächelte warmherzig. "Danke, dass ihr mir eine Chance gebt. Ich habe nicht vor, euch zu verraten oder zu verletzen. Ich möchte einfach nur dazugehören und ein Teil eurer Gemeinschaft sein."

Max, Mia und Lukas schienen erleichtert und begannen langsam, Emma in ihre Aktivitäten und Gespräche einzubeziehen. Mit der Zeit lernten sie, dass Emma trotz ihrer menschlichen Natur viele Fähigkeiten hatte, die den Wichteln bei ihrer Arbeit halfen. Sie wurde eine wertvolle Unterstützung in der Werkstatt des Weihnachtsmanns und eine enge Freundin für Max, Mia und Lukas.

Die anderen Wichtel beobachteten die Veränderung mit Interesse und begannen, ihre Vorurteile abzubauen. Emma hatte gezeigt, dass es möglich war, Unterschiede zu akzeptieren und trotzdem eine starke Gemeinschaft zu bilden. Gemeinsam arbeiteten sie hart daran, das Weihnachtsfest für alle Kinder auf der Welt zu einem unvergesslichen Erlebnis zu machen, und Emma fand endlich die Freundschaft und Akzeptanz, nach der sie sich so lange gesehnt hatte.

Krümels unvergessliche Begegnung

Es war einmal ein Weihnachtswichtel namens Krümel, der in einem kleinen Wichteldorf lebte. Eines Tages beschloss er, sich auf eine Abenteuerreise zu begeben, um mehr über die Menschenwelt zu erfahren. Dazu versteckte er sich in einem Weihnachtsbaum und wartete, bis ein Mensch den Baum abholte. Als dies tatsächlich geschah, war er zuerst ziemlich eingeschüchtert und blieb in seinem Versteck, ohne zu sehen, wohin seine Reise nun gehen würde.

Als er sich endlich traute aus dem Weihnachtsbaum herauszuschauen, bemerkte er, dass er in einem Haus gelandet war, das offensichtlich einer jungen Frau gehörte. Zögerlich stieg er den Weihnachtsbaum hinab und traf schließlich auf Sarah, eine wunderschöne Frau mit langem Haar und goldenen Locken. Als Sarah Krümel entdeckte, konnte sie zuerst ihren Augen nicht trauen. Sie dachte, sie müsste Weihnachten alleine verbringen und nun hatte sich dieser kleine Wichtel in ihr Haus geschlichen.

Sarah ihr Herz klopfte vor Aufregung und Überraschung. Sie konnte es auch in diesem Moment noch nicht fassen, dass ein echter Weihnachtswichtel in ihrem Wohnzimmer stand. Krümel, der sich zunächst noch unsicher fühlte, lächelte schließlich schüchtern und verneigte sich höflich. Dann sagte er: "Hallo, ich bin Krümel" und versuchte dabei, so freundlich wie möglich zu wirken.

Sarah konnte ihr Glück immer noch nicht fassen. Sagte schließlich aber in einem zögerlichen Ton: "Ich bin Sarah". Dabei konnte sie ihr Lächeln nicht unterdrücken, fragte währenddessen jedoch auch: "Was machst du hier? Wie bist du in mein Haus gelangt?" Krümel räusperte sich und erzählte Sarah von seinem Wunsch, die Menschenwelt kennenzulernen. Er erklärte, wie er sich in ihren Weihnachtsbaum geschlichen hatte, um unbemerkt in ihre Welt zu gelangen.

Sarah lauschte gespannt und fand die Aussagen von Krümel bereits jetzt faszinierend. Als Krümel zu Ende gesprochen hatte fuhr Sarah fort: "Ich kann es immer noch kaum glauben, dass du hier bist! Aber du bist herzlich willkommen, Krümel. Wir können gerne einige Zeit gemeinsam verbringen." So begannen die beiden, sich besser kennenzulernen. Krümel erzählte Sarah von seinem Leben im Wichteldorf und von all den lustigen Abenteuern, die er dort erlebt hatte.

Sarah wiederum teilte ihm Geschichten von ihren eigenen Weihnachtsfesten und Traditionen mit. Sie hatten dabei so viel Spaß beim Plaudern, dass sie die Zeit völlig vergaßen. Schließlich schlug Sarah vor, gemeinsam Weihnachten zu feiern. Sie zeigte Krümel, wie man Plätzchen bäckt und wie man den Weihnachtsbaum schmückt. Krümel half ihr dabei, verzierte ihr Haus und bereitete den Tisch für das Essen vor.

Krümel war so beeindruckt von Sarahs Freundlichkeit und Großzügigkeit, dass er endgültig beschloss ihr Angebot anzunehmen, bei ihr zu bleiben und für sie Weihnachten ganz besonders zu machen. Er half ihr, den Weihnachtsbaum zu schmücken und die Wohnung zu dekorieren. Sarah selbst war sehr dankbar für die Gesellschaft und die Hilfe von Krümel. Deswegen sagte sie zu ihm: "Du bist so hilfsbereit, Krümel. Ich habe noch nie jemanden getroffen, der so viel Freude und positiven Einfluss hat."

Krümel sagte darauf stolz und etwas verlegen: "Ich freue mich, dass ich dir so gut helfen konnte. Ich habe mich in dieses Haus und in dich verliebt." Sarah war zuerst überwältigt von Krümels Gefühlen, erwiderte diese jedoch nachdem das Überraschungsmoment abgeklungen war. Sie beschlossen, also die restlichen Weihnachtsfeiertage zusammen zu verbringen und sich gegenseitig Gesellschaft zu leisten.

Sie hatten eine Menge Spaß und Weihnachten verging für sie wie im Flug. Doch nun erinnerte sich Krümel daran, dass er ein Weihnachtswichtel ist und dass er nicht mehr lange in der Menschenwelt bleiben konnte. Er erzählte schweren Herzens Sarah von dieser Wahrheit und dass er zurück in seine Wichtelwelt gehen musste. Darauf meinte Sarah traurig: "Ich verstehe, dass du gehen musst, aber ich werde dich vermissen. Du hast mein Leben so viel besser gemacht."

Krümel schluchzte und sagte schließlich: "Ich werde dich auch vermissen, Sarah. Aber ich werde immer in deinem Herzen sein und ich werde immer für dich da sein, wenn du mich brauchst." Kurz darauf verabschiedete sich Krümel und kehrte in seine Wichtelwelt zurück. Doch er vergaß Sarah nicht und so besuchte er sie jedes Jahr während der Weihnachtszeit. Krümel hatte gelernt, dass die Liebe keine Grenzen kennt und dass er immer für den Menschen da sein würde, den er liebte.

Fritz und die Zaubermütze

In einem kleinen Wichteldorf namens Wichtelhausen lebte ein junger Wichtel namens Fritz. Fritz war neugierig und abenteuerlustig, aber er fühlte sich oft unbedeutend in der großen Welt der Wichtel. Er träumte davon, etwas Besonderes zu sein und die anderen mit seinen Fähigkeiten zu beeindrucken.

An einem kalten Dezembermorgen, als der Schnee leise auf die Dächer von Wichtelhausen fiel, beschloss Fritz, im nahegelegenen Wald nach Abenteuern zu suchen. Dort, zwischen den knorrigen Bäumen, stolperte er über eine alte, verstaubte Mütze, die auf dem Boden lag. Die Mütze sah aus, als wäre sie dort jahrelang gelegen und in Vergessenheit geraten.

Als Fritz die Mütze aufhob und aufsetzte, spürte er sofort, wie sich etwas Magisches in ihm regte. Plötzlich konnte er Dinge sehen, die er zuvor nicht sehen konnte. Er konnte den Atem der Bäume hören und die flüsternden Stimmen des Windes verstehen. Seine Sinne waren geschärft, und er konnte die Gedanken der Tiere in der Umgebung hören. Es war, als hätte die Mütze ihm erstaunliche Fähigkeiten verliehen.

Begeistert kehrte Fritz ins Wichteldorf zurück und wollte seine neuen Fähigkeiten nutzen, um die anderen zu beeindrucken. Er begann, Dinge vorher-zusagen, Gegenstände zu seiner Belustigung erscheinen zu lassen und die Geheimnisse der anderen Wichtel zu enthüllen. Doch bald merkte er, dass seine neuen Kräfte ihn von den anderen isolierten. Sie waren wütend auf ihn, hatten aber auch große Angst vor ihm. Daher versuchten sie ihn so gut es geht zu vermeiden.

Ein Wichtel namens Lena, die genau so einsam und unglücklich war wie er, gesellte sich zu ihm. So wurden Fritz und Lena bald enge Freunde, denn niemand sonst wollte etwas mit ihnen zu tun haben. Außerdem enthüllte Lena Fritz ihre besondere Gabe, die sie gerne vor den anderen verbarg: Sie konnte die Gefühle anderer Wichtel, Menschen und Tiere beeinflussen. Allerdings nur für ein paar Minuten. Doch was sie noch mehr bedrückte: Keiner außer Fritz mochte sie.

Also dachten Fritz und Lena lange darüber nach, warum sie so unbeliebt waren und was sie ändern sollten. Eine genaue Antwort darauf fanden sie nicht, aber sie kamen zu dem Schluss, dass Fritz die Mütze und Lena ihre Gabe zum Wohl der anderen einsetzen konnten. Also planten sie, den Bewohnern von Wichtelhausen eine unvergessliche Weihnachtsfeier zu breiten. Fritz würde die Mütze verwenden, um wundersame Dekorationen und Geschenke herzustellen, während Lena die Stimmung der Wichtel und Tiere beeinflusst, um eine festliche Atmosphäre zu schaffen.

Mit den Vorbereitungen begannen sie in der Nacht, während die anderen schliefen. Am nächsten Tag war das Dorf mit glitzernden Lichtern, duftenden Leckereien und wunderschönen Geschenken übersät. Die anderen Wichtel waren erstaunt und beeindruckt von dem wunderschönen Anblick und der extra für sie in Geschenkpapier verpackten Überraschungen. Als sie herausfanden, dass Fritz und Lena dafür verantwortlich waren, begannen sie die beiden etwas mehr zu schätzen.

Als Weihnachten schließlich kam, versammelten sich die Wichtel auf dem Dorfplatz, um die festlichen Feierlichkeiten zu genießen. Fritz und Lena präsentierten weitere erstaunliche Geschenke und wunderschöne Dekorationen. Die Stimmung war magisch und die Wichtel waren überglücklich. Doch plötzlich spürte Fritz, wie die Mütze auf seinem Kopf zu vibrieren begann. Die Magie in ihr geriet außer Kontrolle. Plötzlich fingen die Dekorationen an, wie wild zu wirbeln und durch die Luft zu fliegen.

Die Wichtel waren erschrocken und wussten nicht, was sie tun sollten. Es war ein reines Desaster. Sie schrien, dass Fritz sich gegen sie gewandt hat und nun ihr Dorf vernichten will. Lena aber erkannte, dass Fritz nur die Mütze abnehmen musste, um die Magie zu stoppen. Fritz der aufgrund des unkontrolliert großen Einsatzes von Magie kaum noch klar denken konnte, war jedoch widerwillig und wollte die Mütze nicht absetzen.

Mit Mühe und Not gelang es Lena Fritz die Mütze vom Kopf zu reißen. Die Magie verschwand sofort. Die Dekorationen und Geschenke sanken sanft auf den Boden und die anderen Wichtel atmeten auf. Nun setzte Lena ihre Gabe ein, um die anderen Wichtel in eine Gefühlslage der Freude zu bringen. Da die Umgebung dieses Gefühl unterstützte, blieben die Wichtel auch freudig über die schönen Dekorationen und Geschenke, die übriggeblieben waren.

Fritz und Lena erkannten von da an, dass sie ihre Fähigkeiten kontrolliert und nicht nur zu ihrem eigenen Vorteil einsetzen sollten. Sie wollten sie von nun an verantwortungsvoll nutzen, um anderen Freude zu bereiten, ohne sie zu verängstigen oder zu gefährden. Fritz wollte nie wieder Geheimnisse ausplaudern und Gegenstände ungefragt verändern. Lena hingegen wollte nie mehr die Gefühle von anderen zu ihren Gunsten manipulieren, um davon kurzzeitig zu profitieren.

So halfen sie von da an den anderen Wichteln mit ihren Fähigkeiten, sofern es gewünscht wurde. Außerdem setzten sie ihre Fähigkeiten weiterhin ein, um Spaß und Freude im Wichteldorf zu verbreiten. Mit der Zeit dankten immer mehr Wichtel Fritz und Lena für ihre Hilfe und die Freude, die sie verbreiteten. Fritz und Lena bedanken sich dafür und setzten ihre Fähigkeiten weiterhin für das Wohl der anderen ein. Es dauerte nicht mehr lang, da waren sie die beliebtesten Wichtel in Wichtelhausen.

Emily und das verschwundene Rentier

In der verschneiten Werkstatt des Weihnachtsmanns herrschte Aufregung und Hektik. Die Wichtel flitzten hin und her, während sie die letzten Geschenke verpackten und die Rentiere für die bevorstehende Reise des Weihnachtsmanns vorbereiteten. Doch eine traurige Nachricht legte sich wie ein Schatten über die festliche Stimmung. "Santa, Rudolph ist verschwunden!", rief Emily, ein mutiger Wichtel, dem Weihnachtsmann zu.

Emily war immer die Erste, wenn es darum ging, schwierige Probleme zu lösen. Doch erst wollte sie wissen, was der Weihnachtsmann dazu meinte. Der Weihnachtsmann runzelte besorgt die Stirn. "Das ist schrecklich! Rudolph ist unser wichtigstes Rentier. Wir können die Geschenke nicht ohne ihn pünktlich ausliefern. Wir müssen ihn finden, bevor es zu spät ist."

In diesem Moment trat ein weiterer Wichtel namens Lars in die Werkstatt. "Santa, ich habe gehört, dass Rudolph zuletzt am Nordpol gesehen wurde. Aber niemand weiß, wo er jetzt ist." Der Weihnachtsmann nickte. "Dann gibt es keine Zeit zu verlieren. Emily, Lars, ihr beiden werdet die Suche nach Rudolph übernehmen. Ich vertraue euch, dass ihr ihn findet." Die beiden nickten und machten sich sofort auf den Weg zum Nordpol. Die eisigen Winde peitschten um sie herum, als sie durch die schier endlose Weite der arktischen Landschaft stapften.

Während ihrer Suche stießen sie auf einige andere Wichtel, die sich freiwillig anschlossen. Darunter waren Benny, ein technisch versierter Wichtel und Rosie, ein Wichtel mit einem ausgezeichneten Orientierungssinn. Die anderen Wichtel teilten sich zur Suche von Rudolph in Teams auf, wobei

Emily, Lars, Benny und Rosie ein Team bildeten. Doch sie waren nicht die Einzigen, die auf der Suche nach Rudolph waren. Ein rätselhafter Wichtel namens Drako wusste von Rudolphs Verschwinden und beobachtete sie.

Bei Drako handelt es sich um einen skrupellosen Wichtel, der einst vom Nordpol verbannt worden war, weil er dunkle Magie praktizierte. Er war entschlossen, das Rentier Rudolph für seine eigenen finsteren Pläne zu nutzen. Also folgte er Emily und ihren Freunden unauffällig, immer darauf bedacht, ihre Bemühungen zu sabotieren. Er ließ eisige Stürme über sie hereinbrechen und schickte Schneestürme, um ihre Sicht zu verschlechtern. Doch die Wichtel gaben nicht auf.

Schließlich, nach tagelanger Suche und mit Hilfe von Rosie, die ihre außergewöhnliche Orientierung nutzte, kamen sie einem geheimen Unterschlupf nahe den Eisbergen des Nordpols auf die Spur. Dort fanden sie Rudolph, gefangen in einem eisigen Käfig. "Rudolph, wir sind hier, um dich zu retten!", rief Emily erleichtert. Doch bevor sie handeln konnten, tauchte Drako auf und enthüllte seine finsteren Pläne. "Ihr könnt Rudolph nicht retten. Ich habe ihn gefangen, um seine magische Nase zu nutzen, um die Kontrolle über das Weihnachtsfest zu übernehmen."

Die Wichtel stellten sich mutig gegen Drako und kämpften mit all ihrer Kraft gegen ihn. Emily und Lars konnten seine schwarzmagischen Angriffe gerade so mit Mühe und Not abwehren. Zum Glück war Drako stark genug abgelenkt, so dass Benny seine technischen Fähigkeiten einsetzen konnte, um den eisernen Käfig zu öffnen. Rosie lotste Rudolph unauffällig aus dem Versteck, während nun auch Benny in den Kampf involviert wurde. Drako, der nun jedoch mitbekommen hat, dass Rudolph gerade mit Rosie zu entkommen versucht, ließ einen Eiszapfenhagel auf Rosie niederprasseln.

Rosie wurde schwer verletzt, doch Rudolph konnte glücklicherweise das Schlimmste verhindern, indem er Rosie rechtzeitig zur Seite stieß. Emily, die schockiert auf die verletzte Rosie blickte, entfachte ihr volles magisches Potenzial und schoss mehrere mächtige Gefrierzauber auf Drako. Auch Benny und Lars griffen Drako von der Seite aus an. Schlussendlich verlor Drako die Übersicht und wurde von einem der Gefrierzauber getroffen und erstarrte zu Eis.

Somit waren Drakos Pläne durchkreuzt. Rudolph kehrte mit der verletzen Rosie auf seinem Rücken und den anderen Wichteln sicher nach Hause zurück, rechtzeitig für die Weihnachtsnacht. Als sie wieder daheim ankam, ließ der Weihnachtsmann zuerst Rosie heilen und bedankte sich dann bei

Emily, Lars, Benny und Rosie für ihren Mut und ihre Entschlossenheit. "Ihr habt das Weihnachtsfest gerettet und gezeigt, dass die Liebe und der Zusammenhalt immer stärker sind als finstere Mächte."

Die Wichtel lächelten und wussten, dass sie gemeinsam jedes Abenteuer bestehen konnten. Die anderen Wichtel hatten inzwischen alle Geschenke für die Kinder hergestellt und verpackt, so dass sie sicher auf dem Schlitten des Weihnachtsmannes verladen werden konnten. Und so wurde das Weihnachtsfest gerettet, und die Freude und das Glück verbreiteten sich in alle Welt, so wie es sein sollte.

Knut, Mia und das Geschenkpapier

In einer verschneiten, malerischen Waldhütte lebten die Weihnachtswichtel, Knut und Mia. Die beiden Wichtel waren berühmt für ihre Liebe zum Detail und ihre Fähigkeit, die schönsten Geschenke zu verpacken. Doch in diesem Jahr sollte alles anders werden. Denn Knut und Mia entdeckten eine geheimnisvolle, verzaubertes Geschenkpapierrolle, die tief im Keller der Weihnachtswerkstatt in einer verstaubten Truhe lag.

Als sie ein wenig Geschenkpapier abrollten, schimmerte es in den magischsten Farben und funkelte wie Sternenstaub. Neugierig nahmen sie es mit in ihre Hütte. Knut betrachtete das Geschenkpapier fasziniert und meinte: "Mia, hast du jemals so ein Geschenkpapier gesehen? Es sieht aus, als könnte es Wunder vollbringen." Mia nickte nur, ohne wirklich zu antworten. Ihre Augen leuchteten dabei vor lauter Begeisterung.

Dann meinte sie nur: "Lass es uns probieren. Vielleicht können wir es für unsere Geschenke verwenden und ihnen mehr Leben einhauchen. Das wäre das beste Weihnachtsfest aller Zeiten!" Kaum hatten sie das Geschenkpapier benutzt, begannen die Geschenke, tatsächlich lebendig zu werden. Ein Stofftierhase hüpfte fröhlich durch die Hütte, ein Teddybär begann zu tanzen, ein Modellflugzeug flog von alleine und ein Puppenhaus öffnete seine winzigen Türen. Knut und Mia waren überglücklich.

Doch ihre Freude währte nicht lange. Ein gerissener und finsterer Kobold namens Krax, hatte von dem verzauberten Geschenkpapier Wind bekommen und war entschlossen, es für seine bösen Pläne zu nutzen. Also schlich sich der äußerst listige Kobold in die Hütte der Wichtel und stahl das verzauberte Geschenkpapier, ohne dass Knut und Mia es bemerkten.

In der folgenden Nacht begann Krax, finstere Pläne zu schmieden. Er wickelte das Geschenkpapier um Spielzeug, das er selbst hergestellt hatte. Dies waren jedoch keine liebevoll hergestellten Spielsachen, sondern Panzer, Zinnsoldaten, Kampfjets und Zerstörer. Anstatt Freude zu bringen, brachten diese nun lebendig gewordenen Gegenstände Chaos und Unheil. Die Soldaten rannten wild umher, schossen um sich und wüteten zusammen mit den Kampfjets und Panzern.

Doch Krax hatte sich das anders vorgestellt. Während er eigentlich geplant hatte, seinen beseelten Spielzeugen Befehle zu geben, hörten diese nicht auf ihn und taten was sie wollten. Dabei hatten sie eine unglaubliche Zerstörungswut und so war Krax sein Zuhause der erste Ort, der von seinen eigens geschaffenen Gegenständen zerstört wurde.

Knut und Mia merkten schnell, dass etwas nicht stimmte. Schließlich war eine ganze Spielzeugarmee auf dem Weg zu ihrer Hütte. Als sie Krax sich mit dem verzauberten Geschenkpapier ihrer Hütte nähern sahen, erschufen sie mit Hilfe ihrer magischen Fähigkeiten eine Falle. Als Krax kurze Zeit später in die Falle ging, forderten sie ihn auf, dass er die Spielzeugarmee zurückpfeift. Doch Krax sagte, dass er sie selbst nicht unter Kontrolle habe. Erst da verstanden Knut und Mia, dass Krax sie um Hilfe bitten wollte, um die Spielzeugarmee zu stoppen.

Doch es war zu spät. Knut und Mia wussten keinen Ausweg, wie sie die Spielzeugarmee stoppen sollten, bevor sie die Stadt erreicht. Also kontaktierten sie den Weihnachtsmann und baten ihn um Hilfe. Dieser machte sich sofort auf dem Weg mit seinem Schlitten und sah wie sich Knut, Mai und der Kobold versteckt hatten, während die Spielzeugarmee ihrer Hütte den Erdboden gleich machte.

Der Weihnachtsmann landete mit seinem Schlitten in der Nähe von Knut und Mias Hütte. Mit einem tiefen Seufzer sprach der Weihnachtsmann die magischen Worte aus, die er nur in den dringlichsten Fällen verwendete. Ein strahlender Lichtstrahl erfüllte die Luft, und mit einem leisen Flüstern der Magie hielt die Spielzeugarmee inne. Die wütenden Panzer hielten an, die Zinnsoldaten legten ihre Waffen nieder, und die Kampfjets schwebten sanft zu Boden. Die Gefahr war gebannt.

Der Weihnachtsmann sprach mit Knut, Mia und Krax über die Konsequenzen ihres Handelns. Er erklärte, dass das verzauberte Geschenkpapier eine mächtige Magie barg und verantwortungsvoll eingesetzt werden musste. Er nahm das Geschenkpapier an sich und versprach, es sicher aufzubewahren. Krax, der seinen Fehler eingesehen hatte, entschuldigte sich bei Knut und Mia für sein rücksichtsloses Verhalten. Die beiden Wichtel und der Kobold beschlossen, gemeinsam die verwüstete Hütte wiederaufzubauen. Auch Krax bekam dabei ein neues Zuhause.

Obwohl Krax beinah sehr viel Unheil angerichtet hätte, wollte man ihn nicht bestrafen. Krax, der von der Kraft dieser Weihnachtsliebe und der Güte der Wichtel und des Weihnachtsmanns tief berührt wurde, wollte nun auch helfen, um den Kindern ein schönes Weihnachtsfest zu ermöglichen. Darum zeigte er den Wichteln, wie er Spielzeug herstellt und was für Techniken und Methoden es gibt.

Das meiste davon wussten die Wichtel schon, aber ein wenig konnten sie auch dazulernen. Also wurde das neue Wissen freudig festgehalten, um den Geschenkerstellungsprozess weiter zu verbessern. Am Weihnachtsabend konnten die Kinder mit wunderschönen Geschenken beschenkt werden. Knut und Mia hielten ihr Versprechen an den Weihnachtsmann, das Geheimnis des verzauberten Geschenkpapiers zu bewahren und auch der Kobold Krax, der auf den Pfad der Reue geführt wurde, brach es nicht.

An diesem besonderen Weihnachtsabend lernten alle Beteiligten, dass die wahre Magie der Weihnachtszeit in der Liebe, der Freundlichkeit und dem Teilen liegt. Und die Weihnachtswichtel Knut und Mia hatten diesmal ein ganz besonderes Geschenk erhalten – die Freude, das Fest doch noch gerettet zu haben und das Herz von Krax erleuchtet zu haben. Für die Zukunft haben sie gelernt, vorsichtiger mit mächtigen Gegenständen umzugehen und sie nur verantwortungsvoll und kontrolliert einzusetzen.

Lillys große Ambitionen

In einem malerischen Wald, tief versteckt vor den Augen der Menschen, lebte eine fleißige Gruppe von Wichteln. Der Anführer dieser Wichtel hieß Oskar, ein freundlicher und weiser Wichtel, der die Traditionen der Weihnachtszeit hochhielt. Die Wichtel hatten dort eine magische Weihnachtskugel, die ihnen Einblicke in die Wünsche der Kinder gab. Jeden Dezember versammelten sich die Wichtel um die Kugel, um herauszufinden, welche Geschenke sie für die Kinder vorbereiten sollten.

Doch in diesem Jahr gab es einen überambitionierten Wichtel namens Lilly. Lilly war ein junger Wichtel, der vor Aufregung kaum stillsitzen konnte. Sie beobachtete die Kugel und konnte nicht glauben, wie viele Wünsche sie sah. "Warum sollten wir darauf warten, bis Weihnachten da ist?" dachte sie laut. "Ich könnte überall gleichzeitig sein und den Kindern ihre Geschenke vorzeitig bringen. Sie wären so glücklich!"

Die anderen Wichtel waren besorgt. "Lilly, du weißt doch, dass es wichtig ist, die Traditionen zu respektieren", warnte Oskar. "Wenn wir jetzt Geschenke verteilen, wird das Chaos verursachen." Aber Lilly konnte nicht widerstehen. In einer sternenklaren Nacht schlich sie sich leise aus der Wichtelwerkstatt und nahm die magische Weihnachtskugel mit sich.

Sie betrachtete die Weihnachtskugel ehrfürchtig und flüsterte: "Zeig mir die Wünsche der Kinder." Die Kugel begann zu leuchten und zeigte Lilly die Wünsche der Kinder aus der ganzen Welt. Sie war überwältigt von der Fülle an Geschenken, die sie vorbereiten könnte. Gleichzeitig aber auch begeistert und ohne zu zögern, sprang sie in die Kugel und verschwand.

Überall auf der Welt begann Lilly, Geschenke vorzeitig zu verteilen. Die Freude der Kinder über die vorzeitigen Geschenke war zunächst groß. Doch bald breitete sich Chaos aus. Kinder stritten sich über die Geschenke, und die Weihnachtszeit verlor seine besinnliche Atmosphäre. Die Eltern waren ratlos und besorgt. Andere Wichtel versuchten, das Chaos zu beseitigen, aber es schien, als ob Lilly überall gleichzeitig sein konnte.

Inzwischen hatte Oskar erkannt, dass er Lilly aufhalten musste. Er nahm eine magische Laterne und stellte sich vor die Weihnachtskugel. "Ich muss Lilly finden und die Geschenke zurückbringen", sagte er entschlossen. In einem dramatischen Showdown fand Oskar Lilly schließlich inmitten des Chaos. "Lilly, du hast die Traditionen und die Geduld vergessen", sagte er. "Weihnachten ist eine besondere Zeit, die man nicht übereilen sollte."

Lilly bekam von Oskar das ganze Chaos gezeigt, das sie angerichtet hatte und sah schließlich ein, dass sie einen Fehler gemacht hatte. Gemeinsam kehrte sie mit Oskar in die Wichtelwerkstatt zurück und half dabei mit, dass die Weihnachtstraditionen fortgeführt werden können. Dazu wurden die vorzeitig verschenkten Geschenke wieder eingesammelt und erst am Weihnachtsabend an die Kinder verteilt. Die Kinder waren geduldig und überglücklich, als sie ihre Geschenke an Weihnachten wiederbekamen.

Lilly hingegen lernte die Bedeutung von Geduld und sorgfältiger Planung kennen. Sie hatte ihre Lektion gelernt und versprach, nie wieder die Magie der Weihnachtszeit zu missbrauchen. Außerdem erkannte sie, dass Ungeduld für Chaos sorgt und reine Geschwindigkeit nicht alles ist. Und so kehrte schließlich wieder Ruhe und Freude in den Wald der Wichtel zurück, während sie gemeinsam die Wunder der Weihnachtszeit feierten und die Traditionen hochhielten, die sie so sehr schätzten.

Peter auf der Suche nach Glück

In einem kleinen Dorf am Rande des verschneiten Waldes lebte ein Wichtel namens Peter. Er war bekannt als der Weihnachtswichtel, der ständig Pech hatte. Während alle anderen Wichtel in der Werkstatt fröhlich und geschäftig Geschenke für die Kinder bastelten, schien es, als ob das Glück es nicht gut mit Peter meinte. "Warum passiert mir immer so etwas?" seufzte Peter auch gerade nun wieder und starrte auf das zerbrochene Spielzeugauto, das er gerade fertigstellen wollte.

Ein paar Meter entfernt saß ein Wichtel namens Clara und beobachtete Peter. Sie war eine der begabtesten Bastlerinnen in der Werkstatt und hatte noch nie einen Fehler gemacht. "Kopf hoch, Peter! Ein wenig Pech gehört zum Leben dazu", versuchte sie, ihn zu trösten. Peter seufzte erneut und fuhr sich durch sein strubbeliges Haar. "Aber es fühlt sich so an, als hätte es das Pech speziell auf mich abgesehen." Clara wusste daraufhin nicht mehr was sie sagen sollte und verschwand.

In der Werkstatt wurde währenddessen emsig gearbeitet, und die anderen Wichtel lachten und plauderten miteinander. Es schien, als ob das Glück ihnen stets hold war. Die Werkstatt der Wichtel war ein fröhlicher Ort, an dem Fleiß und Freundschaft Hand in Hand gingen. Die kleinen Gesellen arbeiteten unermüdlich an ihren handgefertigten Geschenken und teilten dabei herzliche Lacher und Geschichten. Nur Peter konnte nicht lachen, auch wenn er sich noch so sehr anstrengte.

Eines Tages, kurz vor Weihnachten, sollte Peter einen besonders wichtigen Auftrag erledigen - die Geschenke an den Weihnachtsmann liefern. Er fühlte sich unsicher, aber er nahm all seinen Mut zusammen und machte sich auf den Weg. Als er durch den Wald lief, passierten die merkwürdigsten Dinge. Er verirrte sich in einem Schneesturm, rutschte auf einer Eisfläche aus und landete unter einem Schneehaufen. Doch er gab nicht auf. Er rappelte sich jedes Mal wieder auf und kämpfte sich voran.

Endlich erreichte er die Hütte des Weihnachtsmanns und überreichte ihm die Geschenke. Der Weihnachtsmann lächelte und sagte: "Gut gemacht, Peter. Du hast es geschafft." Peter war erstaunt. Er hatte das Gefühl, als ob das Glück auf seiner Seite gewesen wäre, wenn auch nur für einen kurzen Moment. Dann machte er sich auf den Rückweg durch den Wald und traf dabei auf Clara. Sie war besorgt gewesen und hatte ihn gesucht. "Wie ist es gelaufen?", fragte sie.

Peter lächelte. "Es lief besser, als ich je gedacht hätte. Ich habe es geschafft, trotz all meiner Pechsträhnen." Clara lächelte ebenfalls. "Manchmal müssen wir uns nur selbst daran erinnern, dass das Leben das ist, was wir daraus machen. Du hast heute bewiesen, dass du mehr Glück in dir hast, als du vielleicht dachtest." Peter stimmte dem zu und kehrte in das Dorf zurück. Seine Einstellung zum Leben hatte sich verändert.

Er war nicht länger der Weihnachtswichtel namens Pechpeter, sondern der Wichtel, der das Glück selbst in die Hand nahm. Und von diesem Tag an schien das Glück öfter an seiner Seite zu sein. Ihm widerfuhr zwar immer noch mehr Pech als den anderen Wichteln, aber er wusste nun damit umzugehen und schuf sich sein eigenes Glück, indem er aus jeder misslichen Lage das Beste machte. Er fühlte sich nun nicht mehr als Opfer des Schicksals, sondern als Gestalter seiner Zukunft.

Die anderen Wichtel im Dorf bemerkten die Veränderung in Peter und begannen, ihn um Rat zu fragen, wenn sie in Schwierigkeiten gerieten. Peter wurde zu einem angesehenen Wichtel und half allen, denen gerade Unglück widerfahren war und die seine Weisheit benötigten. Peter wusste nun, dass das Leben das ist, was man daraus macht und dass Glück nicht immer vom Himmel fällt, sondern oft in uns selbst zu finden ist.

Und in dieser Erkenntnis fand er sein eigenes Glück und seine Bestimmung als der Weihnachtswichtel, der ständig Pech hatte und dennoch die glücklichsten Momente erlebten konnte. Auch wenn er heute noch mehr Pech hat als manch anderer Wichtel, ist er viel glücklicher als die meisten Wichtel, weil es ihm gar nicht mehr so wirklich wie Pech vorkommt. Denn die Stärke, die er aus seinen unglücklichen Situationen gewonnen hat und die Lektionen, die er dabei gelernt hat, sind für ihn unbezahlbar.

Der Weihnachtszauber der Wichtel

Es war eine kalte Dezembernacht im Wichteldorf. Der Schnee fiel leise vom Himmel, und die Sterne glitzerten wie funkelnde Diamanten. In einem gemütlichen kleinen Haus am Rande des Dorfes saßen drei junge Wichtel um einen knisternden Kamin. Ihre Namen waren Leo, Mia und Finn. Leo, der Älteste und klügste von ihnen, sagte aufgeregt: "Morgen ist es endlich soweit! Wir müssen unsere Prüfung bestehen, um den Weihnachtszauber zu beherrschen!"

Mia nickte zustimmend. "Das wird aufregend, aber auch anspruchsvoll. Wir sollten uns gut vorbereiten." Doch Finn, der jüngste und übermütigste der Gruppe, grinste verschmitzt. "Ich habe einen Plan, wie wir bei der Prüfung schummeln können. Dann haben wir den Weihnachtszauber ohne viel Arbeit bekommen!"

Leo und Mia sahen sich entsetzt an. "Finn, das ist nicht fair!", rief Mia aus. Leo fügte hinzu: "Wichtel müssen hart arbeiten, um den Weihnachtszauber zu beherrschen. Schummeln wäre falsch." Aber Finn lachte nur. "Ihr seid zu streng. Wartet nur, morgen werden wir sehen, dass mein Plan funktioniert." Also arbeiteten Leo und Mia hart, um sich auf die Prüfung vorzubereiten, während Leo seine Seele baumeln ließ.

Am nächsten Morgen versammelten sich die Wichtel im großen Prüfungssaal. Der Prüfer, ein weiser alter Wichtel namens Alrik, erklärte die Aufgabe. Jeder Wichtel musste zeigen, wie er mit Magie Geschenke in Schachteln verpackte, den Schlitten des Weihnachtsmanns fliegen ließ und die Sterne zum Leuchten brachte. Die Prüfung begann, und Leo, Mia und Finn konzentrierten sich auf ihre Aufgaben.

Leo sammelte Geschenke und zauberte sie in kleine Schachteln. Mia ließ den Schlitten des Weihnachtsmanns in der Luft schweben und draußen vor dem Prüfungssaal landen. Finn hingegen dachte immer wieder an seinen Schummelplan. Er entschied sich schließlich, den Zaubertrank einer Hexe zu verwenden, denn er vor kurzem erstanden hatte. Damit wollte er ohne viel Aufwand alle Sterne gleichzeitig zum Leuchten bringen.

Doch als er den Zaubertank heimlich schluckte und einen Zauber aussprach, geschah etwas Schreckliches. Die Sterne explodierten in einem grellen Licht, das den gesamten Prüfungssaal erhellte. Die anderen Wichtel schrien vor Schreck auf, und Alrik sah Finn streng an. "Du hast den Weihnachtszauber in Gefahr gebracht", sagte Alrik ernst. "Wahre Magie erfordert harte Arbeit und Freude an dem, was du tust. Du hast versucht zu schummeln und dadurch den Zauber gebrochen."

Finn fühlte sich schuldig und traurig zugleich. Er hatte die Bedeutung von harter, freudiger Arbeit unterschätzt und den Weihnachtszauber gefährdet. Leo und Mia hingegen gaben nicht auf. Sie halfen Finn, die Scherben der Sterne aufzusammeln und gemeinsam zauberten sie neue, noch strahlendere Sterne an den Himmel. Diesmal arbeiteten sie hart und mit noch mehr Freude, um Finns Fehler wieder gut zu machen.

Am Ende der Prüfung leuchteten die Sterne so hell, dass der ganze Prüfungssaal erstrahlte. Alrik lächelte zufrieden und sagte: "Ihr habt bewiesen, dass wahre Magie durch freudige, harte Arbeit entsteht. Ihr habt den Weihnachtszauber in euch. Ihr bekommt von mir das magische Mal." Auch

Finn hatte aufgrund des schrecklichen Erlebnisses seine Lektion gelernt und versprach, nie wieder zu schummeln.

Die drei Wichtel kehrten ins Wichteldorf zurück, wo Leo und Mia den Weihnachtszauber verbreiteten und die Herzen aller Lebewesen mit Freude erfüllten. Finn hingegen steigerte sich in seine Arbeit hinein und freute sich, dass auch er bald den Weihnachtszauber überall verbreiten kann. Er wird die Prüfung nochmals machen, um Alrik zu zeigen, dass er dazugelernt hatte und freudige harte Arbeit verrichten kann.

Kalle und die stille Weihnacht

In einer malerischen kleinen Hütte am Rande des verschneiten Wichteldorfes lebte ein Wichtel namens Kalle. Kalle war ein fröhlicher kleiner Kerl, der stets ein Lächeln auf den Lippen und ein Funkeln in den Augen hatte. Doch in diesem Jahr fühlte er sich anders. Etwas in ihm hatte sich verändert. "Komisch fühle ich mich, ganz komisch", murmelte Kalle vor sich hin, während er am Fenster saß und den Schneeflocken zusah, wie sie langsam zu Boden schwebten.

Sein bester Freund, ein Wichtel namens Lenny, saß ihm gegenüber und schaute besorgt. "Lieber Kalle, was ist los? Du bist normalerweise so aufgeregt wegen Weihnachten!", meinte Lenny besorgt. Kalle seufzte und lehnte sich zurück. "Ich weiß nicht, Lenny. In diesem Jahr fühle ich mich einfach verloren. Ich möchte Weihnachten alleine verbringen, um herauszufinden, wer ich wirklich bin und was in meinem Leben wirklich zählt."

Lenny schüttelte den Kopf. "Aber Weihnachten ist doch die Zeit, in der wir alle zusammenkommen und Freude teilen. Du kannst doch nicht einfach alleine sein!" Kalle blickte in die Augen seines Freundes und sagte entschlossen: "Ich muss das tun, Lenny. Ich spüre, dass ich diese Reise zu mir selbst machen muss." Also verabschiedete sich Kalle schweren Herzens von Lenny und verließ das Wichteldorf.

Er wanderte durch verschneite Wälder, über zugefrorene Seen und durch verzauberte Täler. Unterwegs traf er auf verschiedene Wesen, darunter einen freundlichen Polarbären namens Björn und eine neugierige Eule namens Luna. Sie begleiteten ihn zeitweise auf seinem Weg und halfen ihm dabei, seine Ängste und Unsicherheiten klar zu erkennen. Es dauerte nicht lange und schon kam der Tag vor dem Weihnachtsabend. Kalle fand sich währenddessen allein in einem abgelegenen Waldstück wieder.

Dort hatte er eine kleine Feuerstelle entzündet. Er saß da, wartend und in sich gekehrt. Als er den klaren Sternenhimmel betrachtete, fühlte er plötzlich eine tiefe innere Ruhe. "Ich glaube, ich verstehe es jetzt. Es war gut alleine und in Ruhe zu sein, um mich selbst zu finden", dachte er leise vor sich hin. Noch ehe er zu Ende gedacht hatte, hörte er ein leises Glöckchen läuten und vor ihm stand plötzlich ein alter Mann mit einem weißen Bart und rotem Mantel. Es war der Weihnachtsmann!

"Warum bist du alleine, mein lieber Wichtel?" fragte der Weihnachtsmann. Kalle lächelte und antwortete: "Ich wollte herausfinden, wer ich wirklich bin, aber ich habe entdeckt, dass ich ein Teil von etwas Größerem bin - von der Freude und Liebe, die Weihnachten ausmachen." Der Weihnachtsmann nickte zustimmend. "Manchmal muss man sich verlieren, um sich selbst zu finden. Aber vergiss nie, dass du nie wirklich alleine bist, solange du Liebe in deinem Herzen trägst."

Kalle kehrte also am nächsten Tag in das Wichteldorf zurück. Dieses Mal war sein Herz erfüllt von einer tiefen Freude und Dankbarkeit für die Gemeinschaft, die er hatte. Er hatte sich selbst gefunden, aber er hatte auch erkannt, wie wichtig es war, diese Freude mit anderen zu teilen. Und so feierten Kalle und seine Freunde ein ganz besonderes Weihnachtsfest, das von Herzen kam und für immer in ihren Erinnerungen blieb. Denn sie wussten, dass Weihnachten nicht nur ein Fest der Geschenke ist, sondern auch ein Fest der Liebe und der Verbundenheit.

Hildas rasantes Schlittenrennen

Hilda war ein Wichtel mit einem ausgeprägten Ehrgeiz. Jedes Jahr freute sie sich auf das allseits beliebte Wichtelschlittenrennen, bei dem die Bewohner des kleinen Wichteldorfes gegeneinander antraten. Dieses Jahr hatte sie jedoch nur ein Ziel vor Augen: den Sieg. Sie hatte in den letzten Wochen hart trainiert und jede freie Minute auf der Rennstrecke verbracht. Die anderen Wichtel bewunderten ihren Ehrgeiz, doch sie merkten auch, dass Hilda zunehmend unachtsamer und egoistischer wurde.

Am Tag des Rennens waren alle Wichtel aufgeregt und versammelten sich am Startpunkt. Hilda trug einen ernsten Gesichtsausdruck, während sie ihre Rennschlitten überprüfte. Sie hatte nur Augen für den ersten Platz und achtete nicht darauf, wie ihre Mitwichtel sich fühlten. Als das Rennen schließlich begann, legte Hilda einen rasanten Start hin. Ihre Schlitten fegten über die verschneite Strecke. Sie hatte schnell einen Vorsprung vor den anderen Wichteln geschaffen.

Ihr Herz pochte vor Aufregung. Sie dachte nur noch daran, wie sie die Trophäe gewinnen würde. Doch plötzlich tauchte ein unerwartetes Problem auf. Eine scharfe Kurve auf der Strecke war von einem heftigen Schneesturm verschüttet worden. Hilda aber hatte keine Zeit mehr zum Bremsen. Sie raste mit ihrem Schlitten gegen einen Schneehaufen und stürzte kopfüber in den Schnee. Benommen rappelte sie sich auf und versuchte, ihren Schlitten wieder in Gang zu setzen, doch er war beschädigt.

Verzweifelt schaute sie sich um. Sie konnte die anderen Wichtel in der Ferne sehen, wie sie langsam näher kamen. Hilda war in Panik, doch schon bald hörte sie eine vertraute Stimme. "Komm, Hilda, ich helfe dir", sagte eine freundliche Wichteldame namens Milla. Sie hatte Hilda schon immer bewundert und war bereit, ihr zu helfen, obwohl sie das den Sieg kosten konnte und Hilda in letzter Zeit so egoistisch gewesen war.

Hilda, von ihrem Ehrgeiz getrieben und noch immer von dem Gedanken an den Sieg besessen, zögerte einen Moment. Doch dann überkam sie die Panik, und sie handelte unüberlegt. Ohne Milla zu danken, stahl sie sich Millas Schlitten und setzte ihre Fahrt fort. Die Strecke wurde immer schwieriger und Hilda kämpfte sich mühsam vorwärts. Doch dann tauchte ein weiteres unerwartetes Problem auf. Ein plötzlicher Anstieg in der Strecke war von einem tückischen Schneebrett überdeckt.

Als Hilda den Anstieg erreichte, brach das Schneebrett unter ihrem Schlitten zusammen, und sie stürzte erneut, diesmal schwerer als zuvor. Wieder rappelte sie sich auf, aber diesmal konnte sie den beschädigten Schlitten nicht mehr fahrtüchtig machen. Sie war am Boden zerstört und erkannte, dass sie ohne Hilfe nicht weiterkommen konnte. Schon bald hörte sie die Stimmen ihrer Mitwichtel näher kommen. Milla und einige andere Wichtel eilten herbei, um ihr zu helfen.

Obwohl Hilda sie zuvor ignoriert und im Stich gelassen hatte, half Milla ihr, den Schlitten mit ein paar anderen Wichteln wieder in Gang zu setzen und die restliche Strecke zu bewältigen. Es war ein mühsamer Weg, aber mit vereinten Kräften schafften sie es bis zur Ziellinie. Hilda hatte das Rennen nicht gewonnen, aber sie hatte eine wichtige Lektion gelernt. Sie hatte erkannt, dass der Weg zum Sieg nicht immer geradlinig ist und dass der unbedingte Wunsch, um jeden Preis zu gewinnen, nicht das Wichtigste ist. Es waren die Freundschaften und die Unterstützung ihrer Mitwichtel, die wirklich zählten.

Zudem hatte sie nun auch bemerkt, dass Ehrgeiz zwar wichtig sein kann, er aber niemals dazu führen sollte, dass man die Bedürfnisse und Gefühle anderer vernachlässigt. Also entschuldigte sich Hilda bei Milla und den anderen Wichteln für ihr egoistisches Verhalten und dankte ihnen gleichzeitig herzlich für ihre Hilfe. Denn sie wusste jetzt, dass wahre Stärke darin besteht, gemeinsam Hindernisse zu überwinden und sich gegenseitig zu unterstützen. Und so kehrte sie in ihr Wichteldorf zurück, nicht als Siegerin des Rennens, aber als ein Wichtel, der eine wichtige Lektion über Freundschaft und Zusammenhalt gelernt hatte.

Snorre und der verschwundene Schmuck

Es war eine frostige Dezembernacht in der Wichtelwerkstatt des Weihnachtsmanns. Die kleinen Wichtel heizten die Öfen auf Hochtouren, um die letzten Geschenke für die Kinder der Welt zu fertigen. Doch plötzlich herrschte Aufregung. Der wertvolle Weihnachtsschmuck, der jedes Jahr den prächtigen Weihnachtsbaum des Weihnachtsmanns schmückte, war verschwunden! Die Wichtel standen erstmal ratlos um den leeren Baum und starrten auf die kahlen Äste. "Was ist passiert?", rief einer der Wichtel namens Nisse aus.

Kaum hatte sie das ausgesprochen, trat ein kleiner, schelmischer Wichtel, der sich als Detektiv sah, namens Snorre auf den Plan. Mit seiner luftigen

Mütze und einer winzigen Lupe in der Hand, wirkte er entschlossen. "Keine Sorge, Freunde, ich werde den Dieb finden und unseren Schmuck zurückbringen!" verkündete er. Und so begann Snorre sofort mit seinen Ermittlungen. Er befragte die anderen Wichtel und sammelte viele Hinweise.

Bald stieß er auf eine verdächtige Spur. "Ich habe Fußabdrücke gefunden", rief Snorre aufgeregt aus. "Die führen in Richtung des Waldes." Die anderen Wichtel waren begeistert von dem ersten richtig guten Hinweis und begleiteten Snorre in den Wald, wo sie auf das einsame Eichhörnchen Nussi trafen. Nussi saß inmitten glitzernder Kugeln und funkelnder Lichter, die genauso aussahen, wie der gestohlenen Weihnachtsschmuck.

Nussi hatte sich selbst einen kleinen Weihnachtsbaum im Wald geschmückt, um sich nicht so alleine zu fühlen und ein schönes Ambiente zu haben. Snorre, dem langsam klar wurde, dass es sich bei dem Weihnachtsschmuck des Eichhörnchens um den Weihnachtsschmuck der Wichtel handelt, wurde zuerst wütend, doch dann sah er die Traurigkeit im Gesicht des Eichhörnchens. Also näherte sich Snorre behutsam dem traurigen Eichhörnchen, klopfte ihm auf die Schulter und fragte bereits wissend aber sanft: "Warst du es, der unseren Weihnachtsschmuck gestohlen hat?"

Nussi nickte mit traurigen Augen. "Ja ich war es und es tut mir leid. Aber ich wollte nicht, dass Weihnachten so einsam für mich ist. Ich dachte, ich könnte ein bisschen Glanz und Freude in mein Zuhause bringen." Die anderen Wichtel sahen einander an und verstanden. Weihnachten sollte eine Zeit des Teilens und der Freude sein. Sie beschlossen, Nussi zu helfen, und luden das Eichhörnchen ein, mit ihnen in der Wichtelwerkstatt zu feiern.

Danach platzierten sie den Weihnachtsschmuck wieder an seinem vorgesehenen Ort, schmückten aber auch den Weihnachtsbaum von Nussi im Wald, so dass er hell erstrahle. Dann teilten sie noch einige ihrer wertvollsten Weihnachtskugeln mit Nussi, welche dieser fröhlich an seinem Weihnachtsbaum anbrachte. Einige der Wichtel darunter auch Snorre blieben bei Nussi und sangen fröhliche Weihnachtslieder und erzählten sich Geschichten, bis der Wald von Freude erfüllt war.

In dieser Nacht lernten die Wichtel dank Nussi eine wichtige Lektion: Weihnachten bedeutet, Liebe und Freude zu teilen und es gibt immer Platz für einsame Herzen. Später kehren sie alle gemeinsam zur Wichtelwerkstatt des Weihnachtsmanns zurück, um die Feierlichkeiten fortzusetzen und die Wärme der Gemeinschaft zu genießen. Der nun wieder strahlende Weihnachtsbaum berührte die Herzen aller und sie freuten sich auf ein festliches Weihnachtsfest, das sie nie vergessen würden.

Professor Knurrbarts Wichtelakademie

Es war eine kalte Winternacht im Wichteldorf, als vier junge Wichtel mit aufgeregten Gesichtern vor dem Tor der Wichtelakademie standen. Sie waren Kiki, der kleine, aber mutige Anführer, Lila, die kluge Denkerin, Felix, der begabte Mechaniker, und Rosie, die beste Bäckerin des Dorfes. Kiki blickte als erster von ihnen auf das Schild über dem Tor, auf dem in leuchtenden Buchstaben "Wichtelakademie" stand. "Nun, hier sind wir also. Die Wichtelakademie, wo wir lernen werden, wie man Weihnachten vorbereitet."

Die anderen nickten aufgeregt. Doch bevor sie eintreten konnten, öffnete sich das Tor knarrend und ein strenger, alter Wichtel namens Professor Knurrbart erschien. "Willkommen in der Wichtelakademie", grummelte er. "Ich bin Professor Knurrbart, euer Lehrer. Ihr werdet hier lernen, was es bedeutet, echte Weihnachtswichtel zu sein. Aber das wird kein Zuckerschlecken. Disziplin, Teamarbeit und Durchhaltevermögen sind hier das A und O. Folgt mir."

Die vier jungen Wichtel folgten Professor Knurrbart in das Innere der Akademie, wo sie eine Gruppe anderer Wichtel trafen, die genauso aufgeregt aussahen wie sie. In den kommenden Wochen wurden Kiki, Lila, Felix und Rosie von Professor Knurrbart in die Geheimnisse der Weihnachtsvorbereitung eingeweiht. Sie lernten, wie man Geschenke einpackte, Plätzchen backte und Spielzeuge herstellte sowie reparierte. Doch der Professor war streng und verlangte eine hohe Perfektion von ihnen.

Eines Tages stand eine besonders schwierige Aufgabe bevor. Die Wichtel mussten einen riesigen Weihnachtsbaum schmücken, der so hoch war, dass sie sich kaum rauftrauten. Der Baum sollte mit funkelnden Lichtern und glitzernden Kugeln geschmückt werden, die hoch oben aufgehängt werden sollten und nur mit einer langen Leiter zu erreichen waren. "Das wird unmöglich!", rief Rosie verzweifelt aus.

Aber Professor Knurrbart ließ sich nicht beirren. "Ihr werdet es schaffen, wenn ihr zusammenarbeitet und euren Einfallsreichtum einsetzt. Die Wichtelakademie lehrt euch nicht nur Fähigkeiten, sondern auch, wie man Hindernisse überwindet." Also stellten sich die vier Freunde Wohl oder Übel der Herausforderung. Felix baute eine spezielle Leiter, die bis zu den höchsten Ästen reichte. Lila entwarf ein System aus Seilen und Rollen, um die Kugeln sicher aufzuhängen. Kiki und Rosie arbeiteten zusammen, um die Lichterketten in den Baum zu fädeln.

Es war harte Arbeit, und sie hatten viele Rückschläge. Doch auch der Sturz von Rosi, die in Felix seine Auffangmatten fiel brachte sie nicht zum Aufgeben. Sie halfen sich gegenseitig, ermutigten sich und setzten ihre Fähigkeiten ein. Nach vielen Stunden harter Arbeit war der Baum endlich geschmückt und sah wunderschön aus. Professor Knurrbart nickte zufrieden. "Ihr habt eine wichtige Lektion gelernt, meine jungen Wichtel. Teamarbeit, Disziplin und Durchhaltevermögen sind der Schlüssel zum Erfolg. Dieses Weihnachten wird dank eurer Zusammenarbeit wunderschön."

Die Zeit verging, und die Wichtelakademie hatte Kiki, Lila, Felix und Rosie nicht nur die handwerklichen Fähigkeiten beigebracht, die sie benötigten, sondern auch, wie wichtig es war, einander zu vertrauen und zusammenzuhalten. Schließlich war der große Tag gekommen: Weihnachten. Die Wichtel des Dorfes arbeiteten Tag und Nacht, um sicherzustellen, dass alles bereit war. Geschenke wurden verpackt, Plätzchen gebacken und Spielzeuge fertiggestellt.

Als die Glocken läuteten und die Kinder früh am Morgen ihre Geschenke öffneten, strahlte die ganze Welt vor Freude. Kiki, Lila, Felix, Rosie und die anderen Wichtel der Akademie sahen zu, wie die Kinder lachten und strahlten. Professor Knurrbart trat vor und lächelte stolz zu seinen Schülern. "Ihr habt es geschafft, meine jungen Wichtel. Ihr habt gelernt, was es bedeutet, echte Weihnachtswichtel zu sein. Ihr habt bewiesen, dass harte Arbeit und Zusammenarbeit zu Erfolg führen. Frohe Weihnachten!"

Nachdem Professor Knurrbart des gesagt hatte, versammelten sich die Wichtel um ein wärmendes Lagerfeuer. Die Sterne funkelten am Himmel, und die verschneite Landschaft strahlte Ruhe und Frieden aus. Und so feierten die Wichtel des Dorfes ein wundervolles Weihnachtsfest, und Kiki, Lila, Felix, Rosie und ihre Freunde wussten, dass sie Teil etwas ganz Besonderem waren - einer großen, liebevollen Gemeinschaft, die die Magie von Weihnachten für die Welt am Leben erhält.

Rosa und der Geist von Weihnachten

Es war einmal in einer tief verschneiten Wichtelstadt, weit entfernt von der Menschenwelt, ein junger Wichtel namens Rosa. Mit ihren großen, strahlenden Augen und roten Wangen galt sie als eine der fröhlichsten Bewohnerinnen des Ortes. Doch in diesem Jahr war etwas anders. Ihre Augen waren nicht mehr so strahlend wie früher, und ihre Wangen nicht mehr so rot. Denn Rosa hatte den Glauben an den Weihnachtsmann verloren.

Eines frostigen Abends, während sie allein in ihrem gemütlichen Häuschen saß und traurig auf den Kamin starrte, murmelte sie vor sich hin: "Weihnachten ist nur noch Konsum. Geschenke, Geschenke, Geschenke. Der wahre Geist von Weihnachten ist längst verloren gegangen." Kurz darauf hörte Rosa ein geheimnisvolles Flüstern hinter sich. Sie drehte sich herum und entdeckte einen alten, vollbärtigen Wichtel, der in ihrem Wohnzimmer stand.

"Entschuldige die Störung", sagte der Wichtel höflich. "Mein Name ist Pepe, und ich habe mitbekommen, dass du den Glauben an den Weihnachtsmann verloren hast." Rosa nickte bedrückt. "Ja, das habe ich. Weihnachten ist nicht mehr das, was es einmal war." Pepe lächelte verschmitzt und zog eine wundersame Karte aus seiner Tasche. "Hast du jemals von der magischen Karte gehört, die den wahren Geist von Weihnachten zeigt?" Rosa schüttelte den Kopf und betrachtete die Karte neugierig.

Also breitete Pepe die Karte vor ihr aus und plötzlich begann sie zu leuchten. Auf der Karte waren Menschen zu sehen, die zusammen lachten, sangen und sich gegenseitig halfen. Sie teilten ihre Freude und ihre Herzen und sahen sehr erfüllt aus. "Das, Rosa, ist der wahre Geist von Weihnachten", sagte Pepe. "Es geht auch dieses Jahr nicht nur um Geschenke, sondern um Liebe, Freundschaft und das Teilen von Glück."

Rosa starrte halb ungläubig halb fasziniert auf die leuchtende Karte. Dann meinte sie: "Das sieht zwar sehr gut aus, ist aber nur ein kleiner Ausschnitt der Realität. Der Konsumismus hat alles übernommen." Pepe verneinte dies und erklärte ihr daraufhin, dass sie sich auf eine Reise begeben müsse, um den Glauben wiederzufinden. Sie müsse drei Städte besuchen, um wieder an den wahren Geist von Weihnachten glauben zu können. Also begab sich Rosa auf die von Pepe geschilderte Reise.

Auf ihrer Reise traf Rosa viele Menschen, die ihr halfen wieder an den Geist von Weihnachten zu glauben. Sie sah unter anderem, einen Menschen, der einer älteren Dame half, ihre Einkäufe nach Hause zu tragen, wie eine Gruppe von Menschen Weihnachtslieder für Kindern in einem Waisenhaus sangen und wie jemand seine Zeit in einem Tierheim verbrachte, mit den Tieren spielte und ihnen Nahrung spendete. Mit jedem Akt der Freundlichkeit den Rosa sah, spürte sie den Glauben in sich wieder wachsen. Doch nun war es Zeit wieder an die Heimreise zu denken.

Es war eine kalte und stille Heiligabendnacht, als Rosa schließlich ihre Reise beendete und in ihr Häuschen zurückkehrte. Der Schnee fiel sanft vom Himmel, und die Straßen waren verlassen. Ihr Herz pochte vor Aufregung und Erwartung. Pepe, der sie heimlich auf ihrer Reise beobachtet hatte und nun bereits vor ihrem Haus wartete, meinte, dass sie nun den wahren Geist von Weihnachten gefunden hätte. Rosa aber spürte immer noch Zweifel und Unsicherheit in sich.

Als sie die Tür ihres Häuschens öffnete, war es dunkel und ruhig. Doch plötzlich wurde der Raum von einem warmen, goldenen Licht durchflutet. Rosa erstarrte vor Überraschung, als sie sah, dass der Raum mit hunderten von Kerzen beleuchtet war. "Frohe Weihnachten, Rosa", sagte eine sanfte Stimme aus dem Dunkeln. Rosa wirbelte herum und sah den Weihnachtsmann selbst, der in einem Sessel saß und ein Buch in der Hand hielt. Sein weißer Bart und sein roter Mantel glänzten im Kerzenlicht.

"Der Weihnachtsmann!" flüsterte Rosa erstaunt. Der Weihnachtsmann lächelte. "Ja, Rosa, ich bin echt, und ich bin hier, um dir zu zeigen, dass der wahre Geist von Weihnachten immer noch lebendig ist." Rosa trat näher und setzte sich auf den Boden vor ihm. "Aber wie kann das sein? Ich dachte, Weihnachten sei nur noch Konsumismus." Der Weihnachtsmann schüttelte den Kopf. "Das ist die Dunkelheit, die den Glanz von Weihnachten zu ersticken versucht. Aber der wahre Geist von Weihnachten lebt in den Herzen derjenigen, die an das Gute glauben und die Freude, Liebe und Freundlichkeit selbst verbreiten."

Dann öffnete der Weihnachtsmann das Buch, das er in seiner Hand hielt und begann zu lesen. Die Worte sprühten nur so vor Leben und Magie und so konnte Rosa sehen, wie die Szenen lebendig wurden. Sie sah Kinder, die in einem Schneesturm lachten und Schneebälle warfen, Nachbarn, die sich gegenseitig halfen und Menschen, die Geschenke nicht nur für sich selbst, sondern auch für andere kauften. "Ich verstehe", sagte Rosa leise. "Der wahre Geist von Weihnachten steckt in den Handlungen der Menschen, die einander Liebe und Freude schenken und davon gibt es eine ganze Menge. Jetzt habe ich endlich erkannt, wie viele es sind!"

Der Weihnachtsmann nickte. "Genau, Rosa. Und du hast diesen Geist gesehen, als du deine Reise durch die drei Städte gemacht hast. Du hast gesehen, wie Menschen anderen geholfen und ihre Freude geteilt haben. Das ist es, worum es an Weihnachten wirklich geht. Der Konsumismus ist viel weniger verbreitet, als du dachtest." Rosa fühlte sich nun erfüllt und glücklich. Ihre Zweifel und Unsicherheiten waren verschwunden und ihr Herz war leicht und voller Begeisterung.

Der Weihnachtsmann erhob sich von seinem Sessel und reichte Rosa eine kleine Schachtel. "Hier ist ein Geschenk für dich, Rosa. Es ist ein Symbol für deinen Glauben und deine Liebe zu Weihnachten." Rosa öffnete die Schachtel und darin lag ein funkelnder Sternenanhänger. Sie strahlte vor Freude und Dankbarkeit. "Danke, Weihnachtsmann", flüsterte sie. Der Weihnachtsmann lächelte und nickte. "Frohe Weihnachten, Rosa."

Als Rosa den Anhänger in die Hand nahm, fühlte sie die wahre Magie von Weihnachten in sich erblühen. Sie wusste jetzt ganz sicher, dass Weihnachten auch heute noch mehr ist als nur Geschenke und Konsum. Es war der Glaube an das Gute in der Welt, die Freude, die man teilt, und die Liebe, die gegeben wurde, welche Rosa wieder glauben ließen. Und dieser Geist von Weihnachten war in ihr lebendiger und strahlender als je zuvor.

Talis und Noora in der Vergangenheit

In einer verschneiten Waldlichtung versteckt hinter einer dichten Decke aus Tannenbäumen, lebten die Wichtel Talis und Noora. Die beiden waren für ihre Neugier und Abenteuerlust bekannt und machten sich stets auf die Suche nach aufregenden Entdeckungen. An einem kalten Dezembermorgen, als der Schnee glitzerte und die Luft von Weihnachtszauber erfüllt war, stolperten Talis und Noora über etwas Besonderes - eine magische Zuckerstange, die im Schnee vergraben war.

Noora hob die Zuckerstange vorsichtig auf und betrachtete sie fasziniert. Während sie die funkelnden Verzierungen bewunderte stieß sie vor lauter entzücken aus: "Schau mal, Talis, diese Zuckerstange strahlt förmlich vor Magie". Talis runzelte die Stirn und meinte: "Ich habe von einer Legenden gehört, die erzählt, dass es eine Zuckerstange gibt, die angeblich die Fähigkeit besitzt, in die Vergangenheit zu reisen und vergessene Weihnachtsmomente wiederherzustellen."

Die beiden Wichtel tauschten einen kurzen aufgeregten Blick aus und beschlossen sofort, die Zuckerstange gründlicher zu untersuchen. Talis griff nach ihr und gab ihr dabei einen kräftigen Dreh. Plötzlich begann die Zuckerstange zu leuchten und versprühte einen glitzernden Staub, der sie in einen leuchtenden Wirbelwind aus Licht und Magie hüllte. Als der Wirbelwind sich verzog, fanden sich Talis und Noora an einem verschneiten Weihnachtsabend vor vielen Jahren wieder.

Sie befanden sich in einem kleinen Dorf, in dem fröhliche Kinder lachend im Schnee spielten und festlich geschmückte Häuser die Straßen säumten. "Wow, das ist ja unglaublich!" flüsterte Noora. Talis war ebenso beeindruckt wie Noora, aber seine Aufmerksamkeit galt etwas anderem, das er bemerkt hatte. Er sah nämlich einen frustrierten Mann namens Walter, der alleine an einem Fenster saß und sehnsüchtig nach draußen starrte. Sein Gesicht strahlte eine traurige Einsamkeit aus, die Talis zutiefst berührte.

Als er wieder klar denken konnte, machte er auch Noora auf den alten Mann aufmerksam. "Wir müssen herausfinden, warum dieser Mann so bekümmert ist und wie wir ihm helfen können", meinte Talis wenige Sekunden später entschlossen. Also sahen die beiden Wichtel mithilfe der magischen Zuckerstange in Walter Erinnerungen, während dieser in seine Gedanken vertieft war. Sie sahen, wie er als kleiner Junge Weihnachten mit seiner Familie feierte. Sein Gesicht leuchtete vor Freude, als er Geschenke auspackte und Weihnachtslieder sang.

Nachdem sie das sahen, beschlossen Talis und Noora, den Zauber der Zuckerstange zu nutzen, um Walter die verloren gegangene Weihnachtsfreude seiner Kindheit zurückzubringen. Sie schlichen sich in sein Zimmer und berührten ihn sanft mit der magischen Zuckerstange. Sofort fühlte Walter eine warme Welle der Nostalgie, die ihn in seine Kindheit zurückversetzte. Er sah sich selbst als glücklichen Jungen, der voller Vorfreude auf Weihnachten war. Seine Eltern lachten, während sie gemeinsam den Weihnachtsbaum schmückten und seine Geschwister spielten fröhlich draußen im durch die Sonnenstrahlen glitzernden Schnee.

Walter spürte sofort die Wärme und Liebe, die in dieser Erinnerung lag und lächelte zum ersten Mal wieder seit Jahren. Talis und Noora hingegen beobachteten glücklich, wie Walters Herz sich öffnete und sein Trübsal langsam verflog. Sie fühlten in diesem Moment genau, dass sie einen wertvollen Beitrag zur Heilung seines Herzens geleistet hatten. Doch sie spürten auch, dass dies noch nicht genug war. Darum begleiteten Talis und Noora Walter auf weitere Reisen in die Vergangenheit.

Sie halfen ihm, vergessene Weihnachtsmomente wiederzuentdecken und unterstützen ihn dabei, alte Freunde wiederzufinden und neue neuronale Verbindungen zu knüpfen. Walter wurde von Tag zu Tag fröhlicher und offener. So kam es, dass er eines Abends all die Nachbarn und Kinder des Dorfes zu einer großen Weihnachtsfeier in seiner Wirtschaft einlud. Die Wichtel Talis und Noora halfen ihm fleißig dabei, Geschenke zu verpacken, Leckereien zu backen und die Dekorationen aufzuhängen. Das Restaurant erstrahlte förmlich in weihnachtlichem Glanz.

Als die Feier endlich begann, sahen Talis und Noora, wie Walter mit strahlenden Augen und einem warmen Lächeln die Gäste begrüßte. Er erzählte Geschichten aus seiner eigenen Kindheit und lud die Kinder dazu ein, mit ihm gemeinsam Weihnachtslieder zu singen. Die Freude und das Lachen erfüllten die Wirtschaft und die Wichtel wussten, dass ihre Mission erfolgreich war. Als die Feier zu Ende war und die Gäste nach Hause gingen, bedankte sich Walter bei Talis und Noora für ihre Hilfe. "Ihr habt mir das schönste Weihnachtsgeschenk gemacht - die Freude und die Wärme der Gemeinschaft", sagte er gerührt.

Talis und Noora lächelten und kehrten mit der magischen Zuckerstange in ihre eigene Zeit zurück. Sie wussten nun einmal mehr, dass selbst kleine Taten der Freundlichkeit große Auswirkungen haben konnten und dass Weihnachten wirklich eine Zeit des Gebens und der Liebe ist. In der folgenden Nacht feierten sie ihr eigenes kleines Weihnachtsfest und fühlten sich erfüllt von der Freude, die sie in Walters Leben gebracht hatten. Als sie Walters kleines Dorf in ihrer Zeit besuchten, sahen sie Walter wieder am Fenster sitzen. Diesmal aber mit einem glücklichen Lächeln im Gesicht.

Leo und die Nordlichter

In einer abgelegenen Hütte tief im Herzen des Nordpols lebten die Wichtel des Weihnachtsdorfs. Sie waren bekannt für ihre fleißige Arbeit und die Fähigkeit, die Nordlichter zu kontrollieren, die jedes Jahr dem Schlitten des Weihnachtsmanns den Weg leuchteten. Doch in letzter Zeit geschah etwas

Seltsames. Die Nordlichter begannen zu verblassen und die Wichtel spürten, dass die Magie von Weihnachten schwand. Leo, ein mutiger junger Wichtel mit leuchtend grünen Augen und einem Herzen voller Hoffnung, konnte diese Entwicklung nicht einfach hinnehmen.

Deswegen versammelte er seine Freunde, darunter die kluge Mia und der starke Max, um über das Problem zu sprechen. Mia meinte sofort: "Die Nordlichter verblassen, weil die Menschen nicht mehr an die Magie von Weihnachten glauben." Max antwortete darauf: "Aber was können wir dagegen tun, wenn die Menschen den Glauben verloren haben?" Leo sagte daraufhin entschlossen: "Wir müssen in die Welt der Menschen reisen und den Glauben wiederherstellen. Ich werde diese Mission übernehmen."

Mit einem winzigen Schlitten gezogen von einem kleinen Rentier namens Floki, machte sich Leo mit seinen Freunden auf den Weg in die Menschenwelt. Er landete in einer verschneiten Stadt, in der die Menschen in Eile umhersprangen, ohne sich Zeit für die Magie von Weihnachten zu nehmen. Also suchte Leo nach einem Grund, warum dies so sein könnte. Nach längerer Beobachtung wurde Leo schließlich auf eine skrupellose Person namens Mr. Greedwell aufmerksam. Mr. Greedweel war ein Geschäftsmann, der Weihnachten nur als eine Gelegenheit sah, Reibach und Profit zu machen.

Auch war es Mr. Greedwell, der mithilfe einer komplexen Maschine die Nordlichter gefangen und in Glaskugeln gesperrt hatte, um sie an den höchstbietenden Käufer zu verkaufen. Leo beschloss, sich Mr. Greedwell zu nähern und versuchte, ihm die Bedeutung von Weihnachten zu erklären. Er sagte: "Herr Greedwell, an Weihnachten geht nicht nur um Profit. Es geht um Liebe, Gemeinschaft und Großzügigkeit." Mr. Greedwell lachte höhnisch: "Glaubst du wirklich, dass diese Dinge wichtiger sind als Geld?"

Bevor Leo darauf antworten konnte, hatte Mr. Greedwell eine Roboterarmee mobilisiert um Leo gefangen zu nehmen. Leo aber war flink und schlau und so konnte er den Robotern entkommen. Trotz oder gerade wegen dieser Erfahrung wollte Leo nicht aufgeben. Er konnte nicht zulassen, dass die Nordlichter weiterhin gefangen waren und die Magie von Weihnachten verblasste. Er schmiedete einen Plan, um die Nordlichter zu befreien und Mr. Greedwell zur Vernunft zu bringen.

Mit der Hilfe von Mia und Max, die sich mit ihm heimlich in Mr. Greedwells Fabrik geschlichen hatten, gelang es Leo, an die Nordlichter zu kommen. Doch bevor sie die Nordlichter befreien konnten, wurden sie von Mr. Greedwells Robotern entdeckt. Diese griffen sofort an und konnten Leo und Mia überwältigen. Max der gerade mit einem Roboter kämpfte, ließ seine Muskeln spielen und gab dem Roboter einen so heftigen Schlag, dass seine Elektronik versagte. Nach kurzer Zeit aber rappelte er sich wieder auf und war außer Kontrolle.

Mr. Greedwell, der ebenfalls mitbekommen hatte, dass die Wichtel seine Nordlichter befreien wollen kam in die Halle gestürmt und sah gerade wie Max einen Roboter nach dem anderen eine Serie von Schlägen verpasste. Doch die Roboter standen alle nach einiger Zeit wieder auf und schon bald gab es nur noch wütende Roboter, die außer Kontrolle waren. Leo und Mia hatten sich in der Zwischenzeit in einem Versteck in Sicherheit gebracht. Mr. Greedwell, der nun selbst von einigen Robotern umzingelt wurde und sah, wie seine Fabrik mehr und mehr zerstört wurde, drückte schließlich einen Notfallschalter, um den Robotern ihre Energie zu entziehen.

Diesen Moment nutzen Leo und Mia, um die Nordlichter aus ihrer Gefangenschaft zu befreien. Die strahlenden Lichter kehrten zurück und füllten die Stadt mit ihrer Magie. Die Menschen, die das Wunder sahen, begannen wieder an die Magie von Weihnachten zu glauben. Sie begannen, sich um ihre Mitmenschen zu kümmern und echte Großzügigkeit zu zeigen. Mr. Greedwell, der die Veränderung sah und von der Magie der Nordlichter berührt wurde, erkannte seinen Fehler. Er entschied sich, sein Geschäftsmodell zu ändern und sich der Gemeinschaft anzuschließen.

Nun war die Aufgabe erledigt und Leo und seine Freunde kehrte in das Weihnachtsdorf zurück, wo die Nordlichter wieder in ihrer vollen Pracht erstrahlten. Die Wichtel hatten den Glauben der Menschen an die Magie von Weihnachten wiederhergestellt und die Welt war wieder ein besserer Ort geworden. Alle Menschen konnten sich wieder daran erinnerten, dass es an Weihnachten nicht um Profit und Eigennutz geht. Und die Nordlichter leuchteten jedes Jahr heller und schöner, um die Freude und das Wunder von Weihnachten zu zelebrieren.

Ole, Lyra und die falschen Wünsche

In einem verschneiten Dorf tief im Herzen des Nordpols lebten die Weihnachtswichtel mit Vorfreude auf die kommende Festzeit. Die Wichtel hatten alle ihre Aufgaben: vom Geschenkeverpacken bis zum Lebkuchenbacken. Doch in diesem Jahr sollten sie ein Abenteuer erleben, das sie nie vergessen würden. Im Mittelpunkt stehen dabei die beiden besten Freunde, Ole und Lyra, welche die neugierigsten Wichtel im Dorf waren. Diese fanden sich an einem frostigen Dezembermorgen in einer staubigen Ecke des Geschenkelagers wieder.

Dort stolperten sie über eine alte anmutig aussehende Kiste, die mit funkelnden Weihnachtskugeln gefüllt war. Die Kugeln glänzten in allen Farben des Regenbogens und verströmten einen Hauch von Magie. "Wow, schau dir das an, Lyra!", rief Ole aufgeregt aus und hielt eine der Kugeln in die Höhe. "Ich habe so etwas noch nie gesehen!" Lyra nahm eine andere Kugel und betrachtete sie fasziniert. "Sieht so aus, als wären das die magische Weihnachtskugeln. Ich habe gehört, dass sie die Träume und Wünsche der Kinder reflektieren können."

Neugierig wie sie waren, begannen die beiden Wichtel, die Kugeln näher zu untersuchen und stellten fest, dass die Kugeln die Bilder von Kindern enthielten, zusammen mit ihren handgeschriebenen Wunschzetteln. Doch sie bemerkten auch etwas Seltsames. Einige der Wünsche schienen sich plötzlich zu verändern. Ein Wunsch nach einem Puppenhaus wurde zu einem Wunsch nach einem riesigen Eisbecher und ein Wunsch nach einem neuen Fahrrad wurde zu einem Wunsch nach einem Spielzeugauto.

"Das kann doch nicht sein", sagte Ole besorgt. "Jemand muss die Kugeln manipuliert und damit die Wünsche der Kinder verändert haben." In diesem Moment tauchte auch schon eine freche Elfe namens Luise auf. Sie grinste schelmisch und gestand: "Oh, das war ich! Ich dachte, es sei lustig, ein paar Änderungen vorzunehmen und wie die Kinder erst schauen werden, wenn sie ein anderes Geschenk erhalten, hihihihi! Lyra war empört. "Das ist überhaupt nicht lustig, Luise! Die Wünsche der Kinder sind wichtig und du hast sie einfach durcheinandergebracht."

Ole war derselben Meinung wie Lyra und schlug daher vor, dass sie die veränderten Wünsche wieder in Ordnung bringen sollten. Doch das war leichter gesagt als getan. Luise hatte die Kugeln so gründlich durcheinandergebracht, dass es schwierig war, die richtigen Wünsche den richtigen Kindern zuzuordnen. Trotzdem waren Ole und Lyra fest entschlossen, die Wünsche der Kinder wieder richtigzustellen, benötigten dazu jedoch selbst Hilfe. Also beschlossen sie, sich an die weisen alten Wichtel des Dorfes zu wenden, die über jahrhundertelange Erfahrung verfügten.

Gemeinsam versammelten sie sich vor dem verschnörkelten Weihnachtsbaum, der das Zentrum des Dorfes schmückte und legten die Kugeln auf den Boden. Dann begannen sie die Wünsche nach Altersgruppen zu sortieren. Danach schauten sie sich die Kugeln sorgfältig an und begannen mit ihrer geballten Weihnachtsmagie die Wünsche genauer zu analysieren. Sie lasen dabei die veränderten Wünsche sorgfältig aus und versuchten, die ursprünglichen Wünsche und Träume der Kinder zu erkennen. Es war eine schwierige Aufgabe, aber die Wichtel gaben nicht auf.

Während sie sich bemühten, die Wünsche zu korrigieren, erzählten sie einander Geschichten von ihren eigenen Kindheitsträumen und den Freuden der Weihnachtszeit. Ole erinnerte sich an den Wunsch nach einem Spielzeuglaster, den er als kleiner Junge gehabt hatte und Lyra lachte über die Erinnerung an ihre ersten Schlittschuhe. Nach vielen Stunden harter Arbeit gelang es den Weihnachtswichteln schließlich, die Wünsche wieder richtig zuzuordnen. Die Kugeln leuchteten bunt auf, als sie wieder die echten Träume des jeweiligen Kindes widerspiegelten.

Luise, die inzwischen ihren Scherz bereute, half den Wichteln dabei, die Kugeln wieder sicher zu verstauen. Sie entschuldigte sich bei Ole, Lyra und den anderen Weihnachtswichteln und versprach, nie wieder die Träume der Kinder zu stören. Denn die Erzählungen und Lektionen der Wichtel hatten bei ihr zu einer Erkenntnis geführt. Durch diese verstand sie nun, wie kostbar die Träume der Kinder waren und wie wichtig es ist, sie zu respektieren und zu schützen. Dann verschwand Luise mit einem schönen zauberhaften Knall in der Winterlandschaft.

Danach kehrten die Weihnachtswichtel zu ihren Aufgaben zurück. Als die Festtage näher rückten, strahlten die Weihnachtswichtel vor Glück und Vorfreude. Denn sie wussten, dass sie dazu beitragen würden, die Träume der Kinder wahr werden zu lassen und dass jeder Wunsch, den sie erfüllten, ein strahlendes Lächeln auf die Gesichter der Kinder zaubern würde. Und so feierten die Weihnachtswichtel ein fröhliches Weihnachtsfest, in dem sie die wahre Bedeutung von Weihnachten erkannten: die Freude des Schenkens und die Magie der Wünsche, die wahr werden können.

Außerdem wussten sie, dass sie für immer die Hüter der magischen Weihnachtskugeln sein würden, welche die Wünsche der Kinder aufzeigten. Also bewahrten sie die kostbaren Weihnachtskugeln sorgfältig auf und erfüllten mit Liebe und Hingabe die Wünsche der Kinder auf der ganzen Welt. Jedes Jahr, wenn die festliche Zeit näher rückte, erinnerten sie sich an die Lehren, die sie aus ihrer Begegnung mit Luise und ihren eigenen Kindheitsträumen gezogen hatten. Die Magie von Weihnachten war nicht nur in den funkelnden Kugeln, sondern auch in ihren Herzen verankert.

Mik und das besondere Geschenk

In der verschneiten Wichtelwerkstatt des Nordpols herrschte geschäftiges Treiben. Die Wichtel, mit Mützen auf dem Kopf und Schürzen um die Taille, arbeiteten unermüdlich daran, die letzten Weihnachtsgeschenke für die Kinder der Welt fertigzustellen. In der Ecke der Werkstatt stand ein besonders prächtig verpacktes Geschenk, das für ein armes Kind bestimmt war. Es war von besonderer Bedeutung, denn es enthielt die Hoffnung und den Zauber der Weihnachtszeit.

Yorick, ein freundlicher und gewissenhafter Wichtel, hatte an diesem Tag die Aufgabe, das besondere Geschenk zu bewachen. Doch in der Werkstatt gab es auch einen frechen Wichtel namens Mik. Er war für seine Streiche und Überraschungen bekannt, die oft für viel Gelächter sorgten. An diesem Tag war Mik besonders neugierig und konnte der Versuchung nicht widerstehen, das prächtige Geschenk zu öffnen. Er dachte, es sei das beste Geschenk, das er je gesehen hatte, und wollte es unbedingt haben.

Mik schlich sich daher leise zur Ecke der Werkstatt, in der das Geschenk stand. Er öffnete es vorsichtig und konnte sein Glück kaum fassen. Doch bevor er das Geschenk wegtragen konnte, hörte er eine Stimme. "Was machst du da, Mik?", rief Yorick, der aus dem Nichts auftauchte. Mik erschrak und versuchte, das Geschenk schnell zu verstecken. "Oh, äh, nichts, Yorick. Ich habe mich nur umgeschaut."

Yorick runzelte die Stirn. Er wusste, dass etwas nicht stimmte. "Lass mich sehen, was du dahast, Mik." Mik zögerte, aber schließlich gab er nach und zeigte Yorick das gestohlene Geschenk. Yorick seufzte tief und sagte: "Mik, das Geschenk ist für ein armes Kind bestimmt. Es ist nicht für uns Wichtel. Wir müssen es zurücklegen." Mik jedoch wollte das Geschenk nicht hergeben. "Aber Yorick, es ist so schön. Ich möchte es behalten."

Doch mittlerweile hatten auch die anderen Wichtel die Diskussion mitbekommen und versammelten sich um die beiden. Sie hatten ihr Ohren gespitzt gehalten und alles gehört. Da das Geschenk so wichtig ist, waren sie auch sehr bestürzt und besorgt über Miks Handlung. Einer der Wichtel namens Emmy sagte schließlich: "Mik, an Weihnachten geht nicht darum, Geschenke für uns selbst zu stehlen. Es geht darum, anderen Freude zu bereiten und Liebe zu teilen."

Die anderen Wichtel nickten zustimmend. Sie hatten nämlich erkannt, dass sie zusammenarbeiten mussten, um Mik zur Vernunft zu bringen. Yorick ergriff erneut das Wort. "Mik, stell dir vor, wie glücklich das Kind sein wird, wenn es dieses Geschenk öffnet. Es wird sich an Weihnachten erinnern und wissen, dass jemand an es gedacht hat." Die anderen Wichtel mussten noch eine Weile auf Mik einreden, bis er sich enorm schuldig und beschämt fühlte.

Als es so weit war, reichte er Yorick das Geschenk zurück und sagte leise: "Du hast recht, Yorick. Ich war egoistisch. Ich möchte, dass das Kind glücklich ist." Die anderen Wichtel lächelten erleichtert und begannen, das Geschenk wieder zu verpacken. Mik half ihnen dabei und spürte, wie sich sein Herz erwärmte. Trotzdem kamen auch wieder Zweifel in ihm hoch. Hätte er das Geschenk nicht doch lieber behalten sollen?

Allerdings traute er sich nicht mehr, das Geschenk nochmals zu stehlen. So wurde am Weihnachtsabend das besondere Geschenk an das arme Kind geliefert. Als es das Geschenk öffnete, strahlten seine Augen vor Freude. Mik sah das Glück in den Augen des Kindes und wusste, dass er die richtige Entscheidung getroffen hatte.

Von diesem Tag an verstand Mik, dass es wichtiger war, anderen Freude zu bereiten, als selbst beschenkt zu werden. Doch auch Mik hatte etwas Wertvolleres erhalten, nämlich die empfundene Freude, als er das glückliche Kind sah. Die Wichtel der Werkstatt und auch Mik arbeiteten von diesem Tag an weiterhin zusammen, um die Weihnachtsfreude in die Welt zu bringen und die Herzen der Kinder zu erwärmen, denn sie wussten, dass Weihnachten das Fest der Liebe und des Gebens ist.

Der magische Adventskalender

In einem verschneiten Wald namens Wichtelheim, weit weg von der Menschenwelt, lebten drei neugierige Wichtel namens Danny, Mia und Jaro. Die drei waren bekannt für ihre Abenteuerlust und ihre unermüdliche Neugier. Doch in diesem Jahr sollten sie ein Abenteuer erleben, das alles, was sie zuvor erlebt hatten, in den Schatten stellen würde. Denn eines Tages, als die Wichtel durch die verwobenen Gänge im Keller der Weihnachtswerkstatt streiften, stolperten sie über eine geheimnisvolle Holzkiste, die unter einem dichten Laubhaufen versteckt war.

Die Kiste strahlte einen sanften Glanz aus und war mit kunstvollen Schnitzereien verziert. Auf ihr prangte der Schriftzug "Der Magische Adventskalender". "Das sieht ja spannend aus!", rief Danny aufgeregt. "Lasst uns sehen, was drin ist!" Mia und Jaro nickten zustimmend, und gemeinsam öffneten sie die Kiste. Darin fanden sie einen wunderschönen Adventskalender mit 24 kleinen Türchen, die mit Zahlen von 1 bis 24 beschriftet waren.

Auf ihm stand der Hinweis, dass jeden Tag nur ein Türchen geöffnet werden darf, um ein schönes Abenteuer zu erleben. Also schlug Mia vor, dass sie jeden Tag ein Türchen öffnen sollten, um zu sehen, was dahintersteckt.

Danny nickte begeistert. "Und wer weiß, vielleicht erleben wir jeden Tag ein neues Abenteuer!" Also begannen die Wichtel gemeinsam das erste Türchen des magischen Adventskalenders zu öffnen. Kaum hatten sie das getan fanden sie sich in einem winziges Lebkuchenhaus wieder, das plötzlich in die Höhe wuchs, als sie es berührten.

Sie stiegen hinein und fanden sich in einer zauberhaften Winterlandschaft wieder, wo sie schöne Abfahrtsrouten fanden, die sie mit dem Schlitten hinabfuhren. Der Schnee war dort so zauberhaft schön, dass sie kaum genug davon bekamen. Dann trafen sie auf eine Gruppe Hasen, die sie zu einer Schneeballschlacht herausforderten. Sie nahmen dankend an und hatten eine Menge Spaß. Als die Wichtel die Schneeballschlacht gewonnen hatten, waren sie wie durch Magie wieder in der Weihnachtswerkstatt vor dem magischen Adventskalender.

So vergingen die Tage, während die drei Wichtel jeden Tag ein weiteres Türchen des Adventskalenders öffneten. Sie trafen dabei auf sprechende Tiere, besuchten ein geheimnisvolles Elfenfest und fanden sogar den Schlüssel zu einem magischen Portal, das sie in einen wunderschönen Winterwald führte. Die Abenteuer waren immer aufregend und voller Freude. Doch je mehr Tage vergingen, desto ungeduldiger wurden die Wichtel. Sie konnten es kaum erwarten, die nächsten Türchen zu öffnen und noch mehr Abenteuer zu erleben.

Anstatt jeden Tag zu genießen, dachten sie nur noch an das, was wohl als Nächstes kommen würde. Schließlich an einem kalten Dezemberabend, als der Schnee dichter fiel als je zuvor, konnten die Wichtel ihrer Neugier nicht länger widerstehen. Sie beschlossen, alle verbleibenden Türchen auf einmal zu öffnen. "Das wird das größte Abenteuer von allen!", rief Jaro aufgeregt. Die drei stürzten sich wie wild auf den Adventskalender und rissen alle verbleibenden Türchen auf.

Doch anstatt eines fröhlichen Abenteuers fanden sie sich plötzlich in einem gefährlichen Schneesturm wieder, der sie weit wegtrieb und in ein dunkles, verwirrendes Labyrinth wehte. "Was haben wir getan?", rief Mia verzweifelt aus. Schnell erkannten die Wichtel, dass sie ihre Ungeduld und Gier in diese gefährliche Situation gebracht hatte. Jetzt mussten sie zusammenarbeiten, um aus dem Labyrinth zu entkommen.

Stunden vergingen, und die Wichtel kämpften sich durch das Labyrinth. Sie halfen sich gegenseitig Hindernisse zu überwinden und den richtigen Weg zu suchen. Ihre Geduld wurde auf eine harte Probe gestellt, aber sie merkten schnell, dass nur Zusammenarbeit und Geduld sie wieder aus dieser schwierigen Situation befreien könnte. Allerdings hatten sie sich hoffnungslos im Labyrinth verlaufen und keinen Anhaltspunkt, wie sie wieder rauskommen konnten.

Also setzten sie sich hin und fingen an zu überlegen, wie sie sich aus dieser misslichen Lage wieder befreien könnten. Es dauerte über zwei ganze Stunden, bis Jaro die rettende Idee einfiel. Er bemerkte nämlich, dass wenn sie immer nur auf die rechte Wand schauen und immer nur diese rechte Wand entlanglaufen würden, dann würden sie zwangsläufig irgendwann zum Ausgang kommen. Genau das taten sie dann auch und nach einer langen, anstrengenden Nacht und einigen Hindernissen, kamen die Wichtel schließlich am Ausgang des Labyrinths an.

Als sie alle ganz aus dem Labyrinth draußen waren, wurden sie wieder in den Keller der Weihnachtswerkstatt teleportiert. Nun waren sie müde, erschöpft und immer noch klitschnass vom Schnee, aber sie hatten es geschafft. Und sie hatten eine wichtige Lektion über Geduld gelernt. Daher entschlossen sie sich erst zu schlafen und am nächsten Tag den Adventskalender mit Hilfe des Weihnachtsmanns zu reparieren und die verbleibenden Türchen erst zu öffnen, wenn der richtige Tag gekommen war.

Denn sie hatten durch dieses Schlamassel erkannt, dass wahre Freude nicht darin liegt, alles auf einmal und sofort haben zu wollen, sondern in der Freude des Augenblicks und in geduldigen zielstrebigen Handlungen. Noch bevor der magische Adventskalender wieder repariert war, begrüßten sie jeden neuen Tag mit offenen Herzen und voller Vorfreude auf das, was die kommenden Tage bringen würden. Und so erlebten Danny, Mia und Jaro die schönsten Abenteuer ihres Lebens, während ihre Herzen voller Freude, Geduld und Zuversicht waren.

Hugo und der verlorene Wunschzettel

In einem zauberhaften Wichteldorf tief im Wald lebte ein kleiner, aufgeweckter Wichtel namens Hugo. Hugo war nicht wie die anderen Wichtel, die sich vor Weihnachten in den hektischen Vorbereitungen verloren. Nein, Hugo hatte eine ganz besondere Aufgabe. Er war der Hüter der verlorenen und vergessenen Dinge. Jedes Jahr suchte er die Gegend nach verlorenen Gegenständen ab und brachte sie in sein gemütliches Häuschen. So kam es, dass er eines kalten Dezembermorgens, als der Schnee leise vom Himmel fiel, einen vergessenen Brief fand.

Der Brief war kunstvoll mit goldenem Glitzer verziert und trug den Aufdruck "An den Weihnachtsmann". Hugo öffnete den Brief vorsichtig und begann zu lesen. "Lieber Weihnachtsmann, ich wünsche mir so sehr, dass meine Familie in dieser schweren Zeit wieder glücklich wird. Mein Vater hat seine Arbeit verloren und wir können uns kaum noch etwas leisten. Bitte, lieber Weihnachtsmann, hilf uns. Ich wünsche mir nichts für mich selbst, nur dass meine Familie wieder lachen kann. In Hoffnung, Sophie."

Hugo spürte sofort, dass dieser Brief etwas Besonderes war. Die Wünsche von Kindern waren ihm stets heilig und er wusste, dass er es möglich machen musste, dass dieser Wunsch erfüllt wird. Doch die Zeit drängte, denn es war bereits der 23. Dezember und der Weihnachtsmann würde schon bald seine Reise antreten. Also zögerte Hugo keinen Moment länger. Er packte den Brief und eilte sofort los.

Auf seinem Weg durch den verschneiten Wald traf er auf seine Freunde, die Eichhörnchen Emma und Felix. "Was ist denn los, Hugo?", fragte Emma. "Ich habe einen Wunschzettel gefunden. Ich muss ihn dem Weihnachtsmann übergeben. Aber die Zeit wird knapp." "Oh, das ist aber eine sehr wichtige Mission!", sagte Felix. "Wir werden dir dabei helfen, Hugo." Also machten sie sich gemeinsam auf den Weg zum Nordpol.

Der Weg dorthin war weit und beschwerlich, aber Hugo und seine Freunde gaben nicht auf. Unterwegs trafen sie auf den freundlichen Polarbären Paul, der ihnen bei der Überquerung eines gefrorenen Flusses half. Dann erreichten sie den Nordpol, wo der Weihnachtsmann in seinem festlich geschmückten Dorf lebte. Doch als sie ankamen, sahen sie, dass die Werkstatt des Weihnachtsmannes bereits leer war. Alle Geschenke waren verpackt und die Rentiere standen bereit, um den Schlitten zu ziehen.

"Wir sind zu spät!", rief Hugo verzweifelt aus. Aber plötzlich hörten sie ein lautes Schluchzen. Es kam aus einem kleinen Häuschen neben der Werkstatt. Hugo, Emma, Felix und Paul gingen hinein und fanden den Weihnachtsmann, der Tränen in den Augen hatte. "Was ist passiert, Weihnachtsmann?", fragte Hugo besorgt. "Es ist dieses Jahr so viel passiert", sagte der Weihnachtsmann traurig. "Ich habe die vielen Wünsche der Kinder gehört, aber es gibt einfach nicht genug Zeit, um sie alle zu erfüllen."

Hugo trat vor und reichte dem Weihnachtsmann seinen gefundenen Brief von Sophie. "Vielleicht können wir diesen einen Wunsch noch erfüllen", schlug er vor. Der Weihnachtsmann lächelte und nahm den Brief entgegen. "Das ist eine wunderbare Idee, Hugo. Lasst uns loslegen!" Mit einem magischen Schlitten gezogen von den Rentieren des Weihnachtsmannes, erreichten sie innerhalb kürzester Zeit Sophies Haus. Sie legten Geschenke unter den Baum, füllten den Kühlschrank mit Lebensmitteln und zauberten eine schöne Weihnachtsdekoration für Sophie und ihrer Familie.

Am Weihnachtsmorgen erwachte Sophie und konnte es kaum glauben. "Es ist ein Wunder!", rief sie aus. Hugo, Emma, Felix, Paul und der Weihnachtsmann, die Sophie durch eine magische Glaskugel beobachteten, sahen sich zufrieden an. Sie hatten es geschafft Sophies einzigen Wunsch wahr werden zu lassen und haben damit die Freude und Hoffnung in ihre Familie zurückgebracht. Hugo war besonders gerührt und sagte: "Dies hat mir wieder gezeigt, dass es nie zu spät ist, Gutes zu tun."

Otto auf Abwegen

Otto, ein launischer Weihnachtswichtel, saß in der Geschenkewerkstatt des Weihnachtsmanns und seufzte. Er hatte genug vom ewigen Geschenkeverpacken. Die bunten Bänder und das funkelnde Geschenkpapier langweilten ihn. Otto sehnte sich nach einer aufregenderen Aufgabe für das Weihnachtsfest. Eines Tages hörte er aufgeregtes Getuschel unter den Wichteln. Ein neuer Wichtel namens Max war im Dorf angekommen und sollte im Elite-Team des Weihnachtsmanns arbeiten.

Max hatte den Ruf, ein begabter Spielzeugbauer zu sein. Otto konnte vor Neid kaum ruhig sitzen. Er wollte unbedingt an Max' Stelle sein. "Ich muss etwas unternehmen", flüsterte Otto seinen Freunden zu. "Ich werde Max sabotieren, damit ich seine Aufgabe bekomme." Seine Freunde schüttelten besorgt die Köpfe. "Das ist nicht fair, Otto. Jeder hat seine Aufgabe beim Weihnachtsfest."

Aber Otto war entschlossen. Er beobachtete Max und fand heraus, dass dieser besonders stolz auf seinen Spielzeugzug war, den er für ein kleines Mädchen namens Maria baute. Also schlich sich Otto in die Werkstatt und vertauschte heimlich die Räder des Zuges. Am nächsten Morgen, als Max seine Arbeit begann, funktionierte der Zug natürlich nicht mehr richtig.

Max war verwirrt und besorgt. Otto grinste heimlich, während er vorgab, unschuldig zu sein. "Vielleicht bist du einfach nicht gut genug, Max," sagte Otto mit einem fiesen Lächeln. Max sah traurig aus. "Aber ich habe mein Bestes gegeben." Darauf erwiderte Otto kalt: "Dein Bestes ist wohl nicht gut genug!" Es dauerte nicht lange, bis der Weihnachtsmann von diesem Vorfall erfuhr. Er war besorgt um Max und fragte nach dem Problem.

Max der inzwischen den Spielzeugzug genau untersucht hatte, wusste inzwischen, dass die Räder des Zuges von jemandem vertauscht wurden. Er hatte auch schon einen Wichtel im Verdacht: Otto. Also erzählte er dem Weihnachtsmann von dem sabotierten Zug und seiner Vermutung, dass Otto daran beteiligt war. Otto versuchte sich herauszureden, gab aber nach mehreren Fragen des Weihnachtsmannes dem Druck nach und gestand schließlich seinen Sabotageakt.

Der Weihnachtsmann schaute Otto nun streng an. "Otto, das ist inakzeptabel. Du hast gegen die Werte des Weihnachtsfests verstoßen." Otto wurde sofort aus der Geschenkewerkstatt verbannt und Max erhielt die Chance, den Zug so schnell wie möglich zu reparieren. Gemeinsam mit anderen Wichteln, die Max halfen, schafften sie den Spielzugzug für Maria rechtzeitig fertigzustellen.

Während Otto draußen in der Kälte stand und zusah, wie Max und die anderen Wichtel fröhlich arbeiteten, fühlte er sich schrecklich allein und unglücklich. Er hatte erkannt, dass er durch Neid und Missgunst nichts erreicht hatte. Die Aufgabe, Geschenke zu verpacken, mochte nicht aufregend sein, aber sie war genauso wichtig wie jede andere Aufgabe beim Weihnachtsfest.

Nachdem Max den reparierten Zug an Maria überreicht hatte, lächelte das kleine Mädchen vor Freude. Als Otto das sah, verstand er, dass es nicht darum ging, wer die aufregendste Aufgabe hatte, sondern darum, Freude und Glück zu verbreiten. Er schlich sich zurück in die Geschenkewerkstatt und bat um Vergebung. Der Weihnachtsmann war gnädig und gab Otto eine zweite Chance. Von diesem Tag an packte Otto die Geschenke mit einer neuen Begeisterung und einem Lächeln auf den Lippen ein.

Er hatte gelernt, dass jede Aufgabe beim Weihnachtsfest wichtig war und dass wahre Freude darin bestand, anderen eine Freude zu bereiten, ohne Neid und Missgunst auf andere zu hegen. Da er immer freudiger arbeitete, wurde er immer besser im Verpacken von Geschenken. Der Weihnachtsmann, der dies bemerkte, bot ihm schließlich aufgrund seiner guten Leistungen die Möglichkeit an, an einem Workshop teilnehmen, Dort würden ihm die nötigen Fähigkeiten vermittelt, um ebenfalls ins Elite-Team aufgenommen zu werden und großartige Geschenke produzieren zu können.

Jeppe und der Winterwald

In einem verschneiten Wald namens Tannenlicht, lebte ein kleiner Weihnachtswichtel namens Jeppe. Jeppe war anders als die anderen Wichtel. Er hatte ein besonders großes Herz für die Natur und die Tiere des Waldes. Er freute sich jedes Jahr auf das Weihnachtsfest, aber dieses Jahr sollte alles anders werden. Denn eines frostigen Morgens, als Jeppe gerade dabei war, Kekse für das bevorstehende Fest zu backen, hörte er ein leises Schluchzen. Verwirrt folgte er dem Klang und fand am Waldrand einen einsamen Fuchs namens Felix, der traurig den Schnee betrachtete.

"Felix, was ist denn los? Warum bist du so traurig?", fragte Jeppe besorgt. Der Fuchs hob seinen Kopf und wischte sich die Tränen aus den Augen. "Ach, Jeppe, es ist so einsam hier draußen im Winter. Niemand denkt an uns Tiere, während die Menschen ihr Weihnachtsfest feiern." Jeppe dachte einen Moment nach und strahlte dann plötzlich vor Begeisterung. "Ich habe eine Idee, Felix! Was hältst du davon, wenn wir eine Weihnachtsfeier für alle Tiere im Wald organisieren? Wir können die Natur feiern und alle daran erinnern, wie wichtig es ist, sie zu schützen."

Felix' Augen leuchteten auf. "Das klingt fantastisch, Jeppe! Aber wie sollen wir das schaffen?" Jeppe lächelte. "Wir werden Hilfe brauchen. Lass uns zuerst unsere Freunde im Wald besuchen und sie von unserer Idee überzeugen." Also zogen die beiden gemeinsam los und besuchten Eule Emma, Hirsch Heinrich und Maus Martha. Jeder von ihnen war begeistert von der Idee, eine Weihnachtsfeier im Wald zu veranstalten und gleichzeitig die schöne Natur zu würdigen und zu schützen.

Die Vorbereitungen begannen daher sofort. Jeppe und seine Freunde bauten kleine Hütten aus Zweigen, dekorierten sie mit glitzernden Tannenzweigen und luden alle Tiere des Waldes ein. Bald verbreitete sich die Nachricht im gesamten Tannenlicht-Wald, und die Vorfreude auf das Fest war überall spürbar. Am Abend vor dem großen Fest versammelten sich alle Tiere am Lagerfeuer, um Geschichten zu erzählen und Lieder zu singen. Eule Emma erzählte von den Geheimnissen der Sterne, Hirsch Heinrich berichtete von seinen Abenteuern im Wald und Maus Martha zauberte mit ihren Geschichten ein Lächeln auf die Gesichter der kleinen Tiere.

Dann, als endlich der Weihnachtsmorgen kam, brach die Sonne durch die Baumwipfel und der Wald war erfüllt von einem fröhlichen Summen und Zwitschern. Jeppe und seine Freunde hatten alle Tiere eingeladen, an einem großen Festmahl teilzunehmen. Es gab Nüsse, Beeren, Pilze und eine köstliche Gemüsebrühe. Als die Tiere sich so versammelten, um zu essen, sprach Jeppe zu ihnen: "Heute feiern wir nicht nur Weihnachten, sondern auch die Natur, die uns umgibt. Lasst uns gemeinsam versprechen, den Wald und alle seine Bewohner zu schützen."

Die Tiere stimmten fröhlich zu und versprachen, ihren Teil dazu beizutragen, die Natur zu bewahren. Es war ein wundervolles Fest, bei dem die Tiere des Waldes gemeinsam lachten, sangen und die Schönheit ihrer Heimat genossen. Als schließlich die Nacht hereinbrach und der Wald im sanften Schein der Sterne erstrahlte, wusste Jeppe, dass dies das beste Weihnachtsfest war, das er je erlebt hatte. Er hatte nicht nur ein Weihnachtsfest gefeiert, sondern auch dafür gesorgt, dass die Natur geschützt bleibt und die Gemeinschaft im Wald gestärkt wurde.

Am nächsten Tag trat Felix der Fuchs zu Jeppe und sagte: "Danke, dass du dieses Fest organisiert hast, Jeppe. Du hast nicht nur uns Tieren eine Freude gemacht, sondern auch der Natur selbst." Jeppe lächelte zufrieden und antwortete: "Wir sollten das nicht nur an Weihnachten tun, Felix. Jeder Tag ist eine Gelegenheit, die Natur zu feiern und zu schützen." Und so verbrachten die Tiere des Waldes nicht nur an Weihnachten, sondern das ganze Jahr über Zeit miteinander und sorgten gemeinsam dafür, dass ihr Zuhause, der Wald, für immer geschützt und bewahrt wurde.

Max findet seinen Weg

Es war einmal ein kleiner Weihnachtswichtel namens Max, der ständig von anderen gesagt bekam, was er tun sollte. Obwohl er es nie zugegeben hätte, machte ihn das sehr unglücklich. Jeden Tag arbeitete er hart in der

Werkstatt des Weihnachtsmanns, um Geschenke für Kinder auf der ganzen Welt zu basteln. Aber er tat es nur, weil es von ihm erwartet wurde.

Eines Tages traf Max einen anderen Wichtel namens Leo, der ihn fragte: "Warum arbeitest du eigentlich so hart? Du bist doch auch nur ein Wichtel wie wir alle." Max seufzte und sagte: "Ich weiß nicht, Leo. Ich fühle mich einfach verpflichtet, das zu tun, was von mir erwartet wird." Leo schaute ihn nachdenklich an. "Aber was ist mit dem, was du wirklich machen willst? Was ist mit deinen eigenen Träumen und Wünschen?"

Max zögerte. Er hatte noch nie darüber nachgedacht. Also sagte er: "Ich weiß es nicht, Leo. Ich habe nie wirklich darüber nachgedacht." Leo lächelte. "Dann ist es an der Zeit, dass du anfängst, darüber nachzudenken. Denn wenn du nicht das tust, was du wirklich willst, wirst du niemals glücklich sein." Max dachte darüber nach. Er hatte Angst, gegen die Erwartungen der anderen zu rebellieren, aber er spürte auch, dass Leo recht hatte. Er wollte glücklich sein.

Also beschloss Max, etwas zu ändern. Anstatt einfach nur das zu tun, was von ihm erwartet wurde, begann er, Geschenke zu basteln, die er wirklich mochte. Er ließ seiner Fantasie freien Lauf und bastelte Spielzeuge, die er sich als Kind immer gewünscht hatte. Am Anfang waren die anderen

Wichtel skeptisch. "Was machst du da, Max? Das ist nicht das, was du tun sollst", sagten sie. Aber Max ließ sich nicht beirren. Er machte weiter und langsam begannen die anderen Wichtel zu sehen, wie viel Spaß er hatte und wie glücklich er war.

"Das ist ja großartig, Max!", rief Leo, als er sah, was Max gemacht hatte. "Ich wusste, dass du es schaffen würdest, wenn du nur den Mut hättest, deinen eigenen Weg zu gehen." Die anderen Wichtel begannen sich zu öffnen und unterstützten Max bei seinem neuen Weg. Sie halfen ihm sogar, seine Spielzeuge zu verfeinern und noch besser zu machen. Am Ende des Jahres präsentierten sie dem Weihnachtsmann ihre Geschenke und Max sah, wie er lächelte, als er seine Spielzeuge sah.

"Das sind wirklich großartige Geschenke, Max", sagte der Weihnachtsmann. "Du hast dich wirklich selbst übertroffen." Max konnte nicht aufhören zu strahlen. Er hatte endlich das getan, was er wirklich wollte und war dadurch glücklicher als je zuvor. Er hat gelernt, dass es wichtig ist, auf seine eigenen Träume und Wünsche zu hören und nicht nur das zu tun, was von einem erwartet wird. So fand Max seinen eigenen Weg und seine Entscheidungen brachten ihm mehr Glück und ermöglichten es ihm einzigartigen Geschenke herzustellen, die von den Kindern geliebt wurden.

Eines Tages traf Max auf drei andere Wichtel, die neu in der Werkstatt waren. Es waren die Geschwister Maja, Timo und Emma. Sie waren noch unerfahren und etwas schüchtern, aber Max sah ihr Potenzial und bot an, ihnen zu helfen. "Glaub mir, ich weiß, wie es ist, wenn man nicht weiß, was man tun soll", sagte Max zu den dreien. "Aber wenn ihr auf eure Herzen hört, werdet ihr eure Bestimmung finden."

Max verbrachte viel Zeit mit Maja, Timo und Emma und half ihnen, ihre Fähigkeiten und Talente zu entdecken. Er ermutigte sie, ihre eigenen Ideen zu entwickeln und sich nicht von den Erwartungen anderer einschränken zu lassen. Es war nicht immer einfach, aber Max wusste aus eigener Erfahrung, dass es sich lohne, den eigenen Weg zu finden und zu gehen. Also half er den dreien, ihre eigene Kreativität zu entfalten und ihr Selbstvertrauen zu stärken.

Als Weihnachten näher rückte, arbeiteten Max, Maja, Timo und Emma gemeinsam an ihren Geschenken. Es war eine wundervolle Erfahrung, mit anderen kreativen Köpfen zusammenzuarbeiten und zu sehen, wie sich ihre Ideen zu etwas Besonderem entwickelten. Am Weihnachtsabend war die Werkstatt voller glücklicher Wichtel und der Weihnachtsmann war sehr zufrieden mit den Geschenken, die seine Werkstatt produziert hatte.

Max war stolz auf sich und seine Freunde, die alle ihren eigenen Weg gegangen waren und es geschafft hatten, ihre eigenen Talente zu entfalten. Von diesem Tag an arbeiteten Max, Maja, Timo und Emma immer zusammen und wurden zu einem unschlagbaren Team in der Werkstatt des Weihnachtsmanns. Sie hatten gelernt, auf ihr Herz zu hören und ihren eigenen Weg zu gehen, und dies hatte ihnen nicht nur Glück, sondern auch Freundschaften und Erfolg gebracht.

Greta will dazugehören

Es war eine kalte Winternacht im verschneiten Dorf von Frostington. Die Lichter der Weihnachtsbäume erstrahlten hell und die Wichtel lachten, während sie Geschenke verpackten. Doch inmitten all dieser Freude fühlte sich eine Wichteldame namens Greta einsam und unglücklich. Sie saß allein in ihrer kleinen Hütte und starrte auf den funkelnden Weihnachtsbaum vor ihrem Fenster. Sie hatte immer das Gefühl, dass sie in diesem Dorf nie richtig dazugehörte. Immer schien es, als ob die anderen Wichtel sie übergingen und ihre Arbeit nicht zu schätzen wussten.

Schon bald konnte Greta ihre Gefühle nicht mehr unterdrücken. Sie packte ihre Sachen in einen Beutel und verließ in der Dunkelheit der Nacht das

Dorf Frostington. Ihr Herz war schwer vor Kummer, aber sie glaubte, dass sie anderswo vielleicht endlich ihren Platz finden würde. Während ihrer Reise durch den verschneiten Wald traf sie auf ein freundliches Eichhörnchen namens Fritz. "Woher kommst du?" fragte er neugierig. "Ich komme aus Frostington", antwortete Greta mit einem seufzenden Unterton. "Aber ich habe das Gefühl, dass ich dort nie wirklich akzeptiert wurde."

Fritz runzelte die Stirn. "Es tut mir leid das zu hören. Aber denk daran, dass das Gras auf der anderen Seite des Zauns oft grüner erscheint. Vielleicht wirst du anderswo glücklicher sein. Vielleicht denkst du aber auch nur, dass es wo anders besser ist." Greta nickte und setzte ihre Reise fort. In den nächsten Tagen traf sie auf einige andere Tiere, die sie ein kurzes Stück auf ihrem Weg begleiteten. Sie hörte Geschichten von fernen Ländern und freundlichen Tieren, die sich gegenseitig halfen und schätzten.

Doch nicht nur das. Greta traf während ihrer Reise durch den verschneiten Wald auf weitere faszinierende Lebewesen und erlebte dank ihnen zahlreiche Abenteuer. So half sie beispielsweise einem verirrten Hasen dabei, seinen Weg nach Hause zu finden und fand Trost in der Gesellschaft eines freundlichen Schneeeulenpärchens, das mit ihr eine Entdeckungsreise durch den Wintertrampelpfad machte. Sogar auf eine alte Frau namens Agnes, die alleine in einer Hütte lebte, traf sie in einem abgelegenen Dorf.

Agnes war eine begabte Handwerkerin und lehrte Greta die Kunst des Schnitzens. Die beiden Frauen verbrachten viele Tage damit, wunderschöne Holzfiguren herzustellen und teilten dabei Geschichten aus ihrem Leben. Dann zog Greta wieder weiter. Eines Tages, als sie am Rand eines verschneiten Dorfes rastete, traf sie auf einen freundlichen Rentierhirten namens Jonas. Er lud Greta ein, sich am Lagerfeuer zu wärmen und erzählte ihr von den Traditionen seines Dorfes. "Wenn wir uns beleidigen oder verletzen, entschuldigen wir uns und versöhnen uns schnell", erklärte Jonas. "Das hält unsere Gemeinschaft stark und glücklich."

Während dieser Zeit mit Jonas erkannte Greta, dass sie in ihrer Heimat Frostington nicht nur Arbeit, sondern auch Freude und Liebe empfunden hatte. Sie vermisste irgendwie die Gemeinschaft der Wichtel, die sie eigentlich doch sehr gut behandelt hatten und die schönen Traditionen des Dorfes, die sie einst für selbstverständlich gehalten hatte. So wurde ihr allmählich immer mehr bewusst, wie gut es ihr eigentlich in Frostington gegangen war. Sie erkannte, dass sie bei ihrem alten Zuhause zwar manchmal übersehen wurde, aber dass sie auch viele Freunde und eine Gemeinschaft hatte, die sie höchstwahrscheinlich schon vermisste.

Als sie noch eine ganze Weile so über Jonas seine Worte nachdachte, wurde ihr schnell klar, welch großen Fehler sie gemacht hatte, indem sie einfach ohne Abschied gegangen war. Sie fühlte sich deswegen reumütig und entschloss sich, nach Frostington zurückzukehren. Auf dem Rückweg traf sie erneut auf Fritz das Eichhörnchen und erzählte ihm von ihrer Wanderschaft und ihrer neuen Erkenntnis. Fritz nickte verständnisvoll. "Manchmal müssen wir uns erst von etwas entfernen, um zu erkennen, wie sehr wir es schätzen. Es ist nie zu spät, um zurückzukehren, Greta."

Diese Worte bestärkten Greta noch mehr in ihrem Entschluss, nach Frostington zurückzukehren. Sie wusste, dass sie sich bei ihren Freunden und Nachbarn entschuldigen musste und dass sie dort ihren wahren Platz hatte. Also nahm sie den kürzesten Weg, um so schnell wie möglich wieder zuhause anzukommen. Als sie dann schließlich in ihr Dorf ankam, war bereits Weihnachten. Die Lichter der Weihnachtsbäume leuchteten dort bereits genauso hell wie zuvor, aber diesmal fühlte sich Greta nicht mehr einsam. Sie ging zu der Hütte neben ihrer Hütte und klopfte an die Tür.

Ihr Freund und Nachbar, ein Wichtel namens Leo, öffnete bald darauf die Tür und seine Augen weiteten sich vor Überraschung, als er Greta sah. "Greta, du bist zurück!", sagte er erleichtert. Greta nickte mit einem Lächeln. "Ja, Leo, ich bin zurück. Es tut mir leid, dass ich ohne Abschied gegangen bin und dass ich mich immer benachteiligt gefühlt habe. Ich habe während meiner Reise einiges gelernt, unter anderem, wie viel mir dieses Dorf und seine Wichtel bedeuten." Leo lächelte und umarmte sie herzlich. "Wir haben dich auch vermisst, Greta. Willkommen zurück."

Als Greta dann nach dieser Begegnung zum großen Weihnachtsfest von Frostington ging, fühlte sich akzeptierter und glücklicher als je zuvor. Sie hatte gelernt, dass es manchmal notwendig ist, sich zu entschuldigen und zu versöhnen, um wahres Glück zu finden. Und so wurde Greta von ihrer Familie und ihren Freunden herzlich empfangen und kannte endlich ihren Platz in der Gemeinschaft von Frostington, wo sie sich nie wieder benachteiligt fühlte. Weihnachten war wieder ein Fest der Freude und der Liebe für Greta und sie wusste, dass sie endlich zu Hause angekommen war.

Willi und der Schneemann Frosty

In einem verschneiten Dorf namens Winterwald lebte ein kleiner Weihnachtswichtel namens Willi. Willi war bekannt für seine freundliche Art und sein immerzu strahlendes Lächeln. Doch dieses Jahr war etwas anders. Ein böser Schneemann namens Frosty schien es auf Willi abgesehen zu haben. Frosty hatte ein fieses Grinsen und zwei Kohlenstücke als Augen, die immerzu auf Willi gerichtet waren.

Eines kalten Dezembermorgens, als Willi gerade dabei war, Geschenke für die Kinder zu verpacken, hörte er ein hämisches Lachen. Frosty erschien plötzlich vor ihm und spöttelte: "Na, Willi, immer noch so fröhlich, wie?" Frosty ließ eine eisige Brise über Willi' Gesicht wehen. Willi schaute ihn mutig an und erwiderte: "Ja, Frosty, ich werde mich von deinen gemeinen Spielchen nicht einschüchtern lassen."

Frosty lachte noch lauter und verschwand im Nebel. Willi konnte seine Wut und Verzweiflung nicht länger unterdrücken. Er wusste, dass er etwas unternehmen musste. Also beschloss er, den Rat seines besten Freundes, dem Rentier Dancer, einzuholen, denn Dancer war immer klug und besonnen. Als Willi Dancer schließlich im Rentierstall fand, erzählte er ihm von Frostys Schikanen. Dancer nickte nachdenklich und sagte: "Wir müssen etwas unternehmen, Willi. Aber wir dürfen nicht vergessen, dass wir Weihnachtswesen sind. Unsere Aufgabe ist es, Freude zu verbreiten und nicht in Streit verwickelt zu sein."

Willi stimmte zu, aber er konnte Frosty nicht einfach weitermachen lassen. Daher schmiedeten Willi und Dancer gemeinsam einen Plan. Sie würden

Frosty nicht angreifen, aber sie würden ihm zeigen, dass sie sich nicht einschüchtern ließen. Dann schliefen sie und bereits an den nächsten Tagen folgte Frosty Willi überall hin. Er ließ Schneebälle auf ihn regnen und versuchte ihn einzufrieren. Aber Willi blieb ruhig und fröhlich. Er sang Weihnachtslieder, spielte mit Dancer und den anderen Dorfbewohnern und halfen dabei, die Stadt festlich zu schmücken.

Als Frostys Schikanen nach fünf Tagen immer noch keine Wirkung auf Willi zeigten, war er verwirrt. Er hatte erwartet, dass Willi sich ängstigen würde, aber stattdessen schien er noch glücklicher zu sein als zuvor. Eines Tages konnte Frosty seine Neugier nicht länger unterdrücken und fragte Willi: "Warum bist du nicht erschrocken, wütend oder traurig? Warum lässt du dich nicht von meinen Schikanen beeindrucken?"

Willi lächelte und antwortete: "Weihnachtswichtel sind für Liebe, Freude und Mitgefühl bekannt, Frosty. Wir werden uns nicht von Hass und Bosheit beeinflussen lassen. Stattdessen werden wir dir zeigen, wie schön es ist, in Frieden und Harmonie zu leben." Frosty war sprachlos. Er hatte nicht erwartet, dass Willi so weise sein würde. Also zog Frosty sich zurück, begann über sein eigenes Verhalten nachzudenken und kam zu dem Schluss, dass es ihn von den anderen Dorfbewohnern isoliert hatte.

Langsam begann Frosty sich zu ändern. Mit der Zeit wurde er schließlich immer freundlicher und hilfsbereiter. Er half den Dorfbewohnern, ihre Häuser zu schmücken und unterstützte die Wichtel sogar dabei, Geschenke für die Kinder vorzubereiten. Die Dorfbewohner waren erstaunt über die Veränderung von Frosty. An Heiligabend versammelten sich alle im Dorf, um Weihnachten zu feiern. Frosty entschuldigte sich bei Willi und versprach, ein besserer Schneemann zu sein. Willi nahm die Entschuldigung an und umarmte ihn. Gemeinsam sangen sie fröhliche Weihnachtslieder, und der ganze Winterwald strahlte vor Glück.

Die Verwandlung von Frosty war ein wahres Wunder, das die Herzen der Dorfbewohner berührte. Sie erkannten, dass Vergebung und die Bereitschaft zur Veränderung selbst in den kältesten Herzen Wärme und Licht entfachen konnten. Und so wurde Frosty vom Schneemann des Schreckens zum Schneemann des Friedens. Willi hatte ihm gezeigt, dass Liebe und Mitgefühl stärker sind als Hass und Bosheit. Und das Dorf Winterwald hatte das schönste Weihnachtsfest aller Zeiten.

Santa Claus verliert seine Erinnerungen

In einem verschneiten Dorf namens Winterlicht lebte ein freundlicher alter Mann namens Claus. Claus war besser bekannt als der Weihnachtsmann. Er hatte weiße Haare, einen langen Bart und ein Lächeln, das die Herzen der Kinder auf der ganzen Welt erwärmte. Doch in diesem Jahr passierte etwas Seltsames. Claus verlor sein Gedächtnis und wusste nicht mehr, welche Geschenke er den Kindern bringen sollte.

"Was ist los, Claus?", fragte seine treue Wichtelbegleiterin, die kleine Kari. Sie war ein kluger Wichtel mit roten Wangen und einer grünen Mütze. "Ich erinnere mich einfach nicht mehr, Kari", seufzte Claus. "Normalerweise habe ich eine Liste mit den Wünschen der Kinder, aber die ist verschwunden und ich kann mich an nichts erinnern." Kari dachte einen Moment nach. "Wir müssen unbedingt herausfinden, wo deine Erinnerungen geblieben sind, Weihnachtsmann. Ich werde dir bei deiner Suche helfen."

Und so begannen Claus und Kari ihre abenteuerliche Reise, um die verlorenen Erinnerungen des Weihnachtsmanns wiederzufinden und Weihnachten zu retten. Ihr erster Halt war die Werkstatt der Spielzeugmacher, wo die Geschenke für die Kinder hergestellt wurden. Dort trafen sie den freundlichen Spielzeugmacher Gustav, der an einem großen Holzschiff arbeitete. "Gustav, erinnerst du dich an die Geschenke, die wir in diesem Jahr machen sollen?", fragte Kari besorgt.

Gustav kratzte sich am Kopf und sagte: "Ich erinnere mich, dass es viele Spielzeuge gibt, aber ich kann mich nicht an die genauen Wünsche erinnern." Claus seufzte und Kari schaute traurig. Doch dann kam eine Idee in Gustavs Kopf. "Ich erinnere mich an einen Zauberer in der Nähe des Waldes. Er könnte uns helfen, unsere Erinnerungen wiederzuerlangen." Also machten sich die drei auf den Weg zum Wald, in dem der Zauberer lebte.

Als sie am Haus des Zauberers ankamen, fanden sie ihn inmitten von wirbelnden Gegenständen, die er durch einen Zauber kontrollierte. "Wir brauchen deine Hilfe, guter Zauberer", sagte Claus. "Ich habe mein Gedächtnis verloren, und wir müssen es zurückbekommen, um Weihnachten zu retten." Der Zauberer, namens Zirael, sah in seine Kristallkugel und sagte: "Eure Erinnerungen sind in einem magischen Stern versteckt. Um ihn zu finden, müsst ihr eine gefährliche Reise unternehmen."

Claus, Kari und Gustav waren entschlossen. Sie machten sich auf den Weg zu den eisigen Bergen, wo der magische Stern vermutet wurde. Unterwegs trafen sie auf Aurora, eine junge Elfe, die in den Bergen lebte. "Aurora, wir suchen einen magischen Stern, der die Erinnerungen des Weihnachtsmanns enthält. Kannst du uns helfen?", fragte Kari. Aurora lächelte und sagte: "Natürlich, ich kenne diese Berge wie meine Westentasche. Ich werde euch den Weg zeigen."

Gemeinsam kämpften sie sich durch eisige Stürme und über gefrorene Flüsse. Schließlich erreichten sie eine Höhle, in welcher der magische Stern vermutet wurde. Als sie durch ein paar Gänge gingen, war der magische Stern bereits in ihrer Sichtweite. Doch bevor sie ihn erreichen konnten, tauchte eine finstere Gestalt auf. Es war Krampus, der Unhold der Weihnachtszeit. Er war ein unheimliches Geschöpf mit zottigem Fell und gehörntem Kopf. Er lachte nur böse, als er sich ihnen in den Weg stellte.

Claus trat mutig einen Schritt nach vorn und rief: "Du wirst uns den Stern geben, Krampus! Ich werde Weihnachten retten!" Krampus grinste nur widerlich und stürzte sich auf Claus. "Dieser Stern gehört mir und ich werde ihn dir niemals geben!" Aufgrund dieses Angriffs von Krampus entbrannte ein dramatischer Kampf, bei dem Claus, Kari, Gustav und Aurora all ihre Kräfte bündelten, in dem Versuch Krampus zu besiegen. Es wurde sogar so hitzig, dass sich der Kampf zu einem atemberaubenden Spektakel in der eisigen Höhle entwickelte.

Krampus brüllte wild und schleuderte seine langen Ketten in Richtung der Freunde, die sich verzweifelt zur Wehr setzten. Doch die Wichtel und Aurora konnten den Attacken nicht standhalten und fielen nacheinander zu Boden. Claus und Krampus standen sich nun Angesicht zu Angesicht gegenüber. Der Weihnachtsmann, fest entschlossen, seine verlorenen Erinnerungen wiederzuerlangen, wich geschickt den Angriffen von Krampus aus. Dann versuchte er, die Ketten des Unholds mit seinen magischen Geschenkbänder einzufangen und ihn somit zu entwaffnen.

Kari und Gustav, die wieder zu sich gekommen waren, setzten ihre Zuckerstangen als mächtige Schwerter ein. Mit geschickten Manövern versuchten sie, Krampus abzulenken und seine Angriffe zu blockieren. Dabei sprühten sogar Funken, doch mit der Zeit verfielen die magisch aufgepäppelten Zuckerstangen immer weiter in sich zusammen aufgrund von Krampus seinen Kettenhieben.

Aurora, die flinke Elfe, welche nun wieder zu sich gekommen war, tänzelte Krampus seine Kettenhiebe in der Luft aus, flog schließlich an ihm vorbei und versuchte sofort den magischen Stern zu erreichen. Dabei setzte sie ihre magischen Fähigkeiten ein, um Krampus mit glitzerndem Staub die Sicht zu versperren und für Ablenkung zu sorgen. Doch sie wurde von einem Kettenhieb getroffen und wieder zu den beiden anderen Wichteln geschleudert.

Der Kampf dauerte immer länger an und die Freunde gerieten langsam in Erschöpfung. Krampus war einfach ein sehr mächtiger Gegner, der nicht so leicht zu besiegen war. Doch sie gaben nicht auf. Sie erinnerten sich an die Freude, die sie den Kindern bringen wollten. Das gab ihnen die Kraft weiterzukämpfen. Schließlich, als der Höhlenraum von Funken und Glitzerstaub erfüllt war, gelang es Aurora, den magischen Stern zu ergreifen. Daraufhin erstrahlte der Stern direkt in einem blendend hellen Licht, das Krampus zurückwarf und ihn zurück in die Dunkelheit verbannte.

Doch der magische Stern schien auf einem immer heller und füllte die Höhle mit einem warmen, goldenen Schein. Als Claus den magischen Stern berührte, strömten seine gestohlenen Erinnerungen aus dem Stern heraus. Dann bildeten sie einen kraftvollen Strahl, der so heftig auf Claus zuschoss, dass er die Augen schloss. Dabei spürte er, wie seine kompletten Erinnerungen zurückkehrten. Er erinnerte sich nun wieder an die Namen der Kinder, ihre Wünsche und die Freude, die er ihnen bringen würde.

Zurück in Winterlicht bereitetet Claus mit den anderen Wichteln die Geschenke für die Kinder vor. Es ging drunter und drüber, aber sie schafften es für jedes Kind ein passendes Geschenk herzustellen und schön zu verpacken. Als die Weihnachtsnacht kam, flogen sie mit dem Schlitten des Weihnachtsmanns über die Häuser der Welt und verteilten die Geschenke an alle Kinder. Die Freude und das Glück in den Kinderaugen waren unbezahlbar und Claus wusste, dass Weihnachten gerettet war.

Emils Weihnachtsmission

In einer verschneiten Ecke des Nordpols lebte ein kleiner Wichtel namens Emil. Er war winzig, selbst für Wichtelverhältnisse, aber sein Herz war groß und voller Liebe. Emil war für die Verteilung der Weihnachtsgeschenke an die Kinder auf der ganzen Welt verantwortlich. Doch dieses Jahr war etwas anders.

Denn Emil hatte vor kurzem von einem traurigen Geheimnis erfahren, das ihm das Herz brach. In einem abgelegenen Dorf lebten Kinder, die in großer Armut aufwuchsen und noch nie ein Weihnachtsgeschenk erhalten hatten. Das Dorf war von der Außenwelt abgeschnitten und weit weg von Santa Claus' Werkstatt. Die Kinder hatten keine Hoffnung auf ein frohes Weihnachtsfest.

Emil konnte nicht zulassen, dass die Kinder in diesem Dorf leer ausgingen. Er beschloss, einen Weg zu finden, um ihnen Geschenke zu bringen. Seine Wichtelfreunde rieten ihm, sich an den Weihnachtsmann zu wenden, aber Emil wusste, dass sie nicht die Zeit haben würden, so weit zu reisen. Er musste also selbst eine Lösung finden.

Emil begann, sich in der Werkstatt umzusehen. Dabei fand er eine vergessene Kiste mit alten Spielzeugen. Mit viel Geschick und Liebe begann er, die Spielzeuge zu reparieren und aufzumöbeln. Bald hatte er eine ansehnliche Sammlung von Geschenken beisammen. Nun kam die schwierigste Aufgabe: Emil musste einen Weg finden, um die Geschenke zu den Kindern im abgelegenen Dorf zu bringen.

Er dachte lange nach und kam schließlich auf eine Idee. Er würde sich einen Schlitten bauen, der von Rentieren gezogen wurde. Dieser würde zwar nicht so schnell fliegen wie der fliegende Schlitten des Weihnachtsmanns, aber es war die einzige Möglichkeit. Also machte sich Emil ans Werk. Er arbeitete Tag und Nacht und baute einen kleinen, aber stabilen Schlitten. Dann bat er die Rentiere um Hilfe.

Die Rentiere waren sofort begeistert von seinem Vorhaben und erklärten sich bereit, ihn zu unterstützen. Emil nannte sein Rentier-Team Rudolf, Blitz, und Leuchtstern. Und ehe sie sich versahen, brach die Nacht vor Weihnachten an. Also belud Emil seinen selbstgebauten Schlitten mit den liebevoll restaurierten Geschenken. Er zog seinen roten Wichtelmantel an und setzte eine Zipfelmütze auf. Dann machten sie sich auf den Weg zum abgelegenen Dorf.

Die Reise war lang und beschwerlich, aber Emil und seine Rentiere gaben nicht auf. Sie überwanden eisige Stürme und tiefe Schneeverwehungen. Schlussendlich erreichten sie mit Mühe und Not das Dorf. Es war bereits so früh, dass viele Kinder schon wach waren. Einige Kinder, die draußen spielten, sahen Emil mit seinen Rentieren. Sie konnten es kaum glauben als sie ihn mit seinen Geschenken sahen.

Ein kleines Mädchen namens Lena trat vor und fragte Emil, der mittlerweile gelandet war: "Bist du der Weihnachtswichtel?" Emil lächelte und nickte. "Ja, ich bin der Weihnachtswichtel, und ich habe Geschenke für euch alle mitgebracht." Die Kinder jubelten vor Freude, als sie die Geschenke öffneten. Es war ein Weihnachtswunder.

Emil blieb noch den ganzen Tag im Dorf und feierte Weihnachten mit den Kindern. Sie sangen Weihnachtslieder, aßen Lebkuchen und spielten im

Schnee. Am Ende des Tages sagte Lena zu Emil: "Du bist der beste Weihnachtswichtel der Welt." Emil lächelte und meinte: " An Weihnachten geht darum, Liebe und Freude zu teilen. Jeder von uns kann ein Weihnachtswichtel sein, wenn er anderen Menschen hilft und Nächstenliebe zeigt."

Glücklichen Herzen und mit der Gewissheit, dass er das Weihnachtsfest für diese Kinder zu etwas Besonderem gemacht hatte, machte sich Emil auf den Rückweg zum Nordpol. Und so wurde er zu einer Legende, die in den Herzen der Menschen weiterlebte, die an das Wunder der Nächstenliebe glaubten. Und eins kann ich dir versprechen: Emil ist immer noch da draußen und denkt an alle Kinder. Auch an dich.

Flöckchen der unsichtbare Wichtel

In einem malerischen Dorf namens Zuckertal lebte ein kleiner Wichtel namens Flöckchen. Flöckchen war bekannt für seinen schelmischen Geist und seine Vorliebe für Streiche. Doch eines Tages stolperte er über etwas Ungewöhnliches im Wald - eine magische Zuckerstange, die in einem glitzernden Schleifenband gewickelt war. Flöckchen hob die Zuckerstange auf und bemerkte, wie sie magisch in seinen Händen pulsierte. Neugierig leckte er an ihr und plötzlich verschwand sein Körper vor seinen eigenen Augen. Flöckchen war unsichtbar geworden!

Mit einem breiten Grinsen auf dem Gesicht nutzte er seine neue Fähigkeit sofort aus. Er spielte den anderen Dorfbewohnern Streiche. Diese wunderten sich darüber, wie ihre Gegenstände von alleine auf einmal zu schweben begannen. Flöckchen hingegen der den Grund genau kannte, hüpfte freudig durch das Dorf und lachte sich ins Fäustchen über die verblüfften Gesichter der anderen Wichtel. "Das ist der beste Tag meines Lebens!", rief Flöckchen und warf unsichtbare Schneebälle auf die Dorfbewohner.

Auch die Einkaufsläden von Zuckertal waren vor Flöckchen nicht sicher. Er stahl dort mithilfe seiner neuen Fähigkeit Spielzeuge, Süßigkeiten und Anziehsachen, ohne von den Ladenbesitzern entdeckt zu werden. Daneben spielte er den Dorfbewohnern weiterhin Streiche, indem er sie erschreckte, ihnen Fallen stellte und ihr Leben ins Chaos stürzte. Doch Flöckchen merkte auch, dass sein unsichtbares Treiben nicht immer lustig war und mitunter großen Schaden verursachte. Einige Dorfbewohner waren sehr wütend oder verängstigt, da sie nicht wussten, was vor sich ging.

Also nahm sich Flöckchen vor harmlosere Streiche zu spielen und nichts mehr zu stehlen. Dies wollte er nun auch nicht mehr in seinem Dorf machen, sondern in der Menschenwelt. Also begab er sich in die Menschenwelt und belustigte sich über die Menschen, die Opfer seiner Streiche wurden. Als Flöckchen gerade wieder unterwegs war und einen weiteren Streich spielten wollte, hörte auf seinem Weg plötzlich ein leises Schluchzen. Er folgte dem Klang und entdeckte ein kleines Mädchen namens Lina, das auf einer Schaukel unter einem Baum saß. Die Tränen liefen ihr über das Gesicht und sie schien unglaublich traurig zu sein.

Flöckchen konnte nicht anders, als sich zu nähern. Obwohl er unsichtbar war flüsterte er ihr ins Ohr. "Warum weinst du so schrecklich?" Lina zuckte zusammen und schaute sich ängstlich um. "Wer ist da?", fragte sie mit zitternder Stimme. "Ich bin Flöckchen, ein Wichtel", antwortete er leise. "Ich bin unsichtbar, aber ich möchte dir helfen. Also warum bist du so traurig?" Lina schniefte und erzählte Flöckchen von ihrem einsamen Leben. Sie hatte keine Freunde in ihrem Alter und ihre Eltern waren oft arbeiten. Sie fühlte sich deswegen verlassen und unglücklich.

Flöckchen wurde nun endgültig von seinem Mitgefühl übermannt und beschloss Lina zu unterstützen. Er erklärte ihr, dass er eine magische Zuckerstange besaß, die ihn unsichtbar machte und dass er bereit war, Lina zu helfen, um sie wieder glücklich zu machen. Also planten sie gemeinsam auf seinen Vorschlag hin harmlose Streiche und lustige Aktivitäten, bei denen Flöckchen unsichtbar mithalf. Lina, die durch Flöckchen ermutigt wurde auf andere Menschen zuzugehen, genoss die Streiche und das Lachen der anderen Kinder und so begann sie sich mit der Zeit immer weniger einsam zu fühlen.

Dabei erkannte Flöckchen etwas Wichtiges. Obwohl er seine Unsichtbarkeit nicht für seinen eigenen Vorteil nutze, fühlte er sich glücklicher als je zuvor. Es war nicht nur der Streiche, Späße und Aktivitäten wegen, sondern weil er jemandem Freude und Freundschaft schenken konnte, ohne etwas im Gegenzug zu erwarten. Und so half er Lina Freunde in ihrem Alter zu finden, indem er sich weitere lustige Spiele und Aktivitäten ausdachte, an denen sich die anderen Kinder gerne beteiligten.

Eines Tages, als Lina und Flöckchen gerade zusammen eine spaßige Aktivität für die anderen Kindern vorbereiteten, flüsterte Lina: "Flöckchen, ich wünschte, du könntest für immer bei mir bleiben. Du machst mein Leben so viel besser." Flöckchen seufzte. Denn er wusste, dass er nicht für immer bei Lina bleiben konnte, aber er konnte ihr helfen, ihre Einsamkeit endgültig zu überwinden. "Lina", sagte er leise, "wahre Freude besteht darin, anderen Glück zu schenken, ohne etwas im Gegenzug zu erwarten. Wenn du dich aufgeschlossen für andere interessierst und ihnen dienst, indem du ihnen Freude und Spaß bringst, wirst du viele Freude haben."

Lina lächelte und umarmte die Luft, als ob sie Flöckchen in ihren Armen halten würde. "Danke, Flöckchen, du hast mir gezeigt, was wahre Freundschaft ist", sagte sie mit Tränen der Dankbarkeit in den Augen. Flöckchen lächelte zurück, obwohl niemand es sehen konnte und wusste, dass er in diesem Moment das Richtige getan hatte. Die Zeit verging und Flöckchen half Lina noch bei einigen weiteren Aktivitäten, die ihr und ihren Freunden eine Menge Spaß machten. Dann verabschiedete er sich von Lina und kehrte zurück nach Zuckertal. Lina selbst vergaß den freundlichen Wichtel nie, der ihr geholfen hatte, aus ihrer Einsamkeit herauszukommen.

Lumpi und Klex haben ein Problem

In einem verzauberten Wald, tief versteckt vor den Augen der Menschen, lebten zwei ehemalige Wichtelfreunde: Lumpi und Klex. Früher waren sie unzertrennlich gewesen, aber im Laufe der Jahre hatte sich zwischen ihnen eine Kluft aufgetan. Ein tiefes Missverständnis hatte ihre Freundschaft zerstört, so dass sie einander aus dem Weg gingen. Doch eines Tages, als der Schnee die Bäume und den Boden des Waldes bedeckte und die Vorbereitungen für das Weihnachtsfest auf Hochtouren liefen, wurden die beiden Wichtel von der Waldältesten, Frau Eichblatt, zusammengetrommelt.

"Lumpi, Klex, ihr müsst zusammenarbeiten, um die Weihnachtsvorbereitungen abzuschließen", erklärte sie. Lumpi und Klex blickten einander finster an, aber sie hatten keine Wahl, als sich dem Befehl der Waldältesten zu fügen. Die Vorbereitungen für das Weihnachtsfest waren immer eine hektische Zeit im Wichteldorf gewesen und dieses Jahr war keine Ausnahme. Also sprangen sie über ihren Schatten und arbeiteten widerwillig zusammen, um die Weihnachtsvorbereitungen abzuschließen.

In den ersten Tagen ihrer Zusammenarbeit sprachen Lumpi und Klex kein Wort miteinander. Sie arbeiteten schweigend, aber effizient, um die Geschenke zu verpacken, die Lichterketten aufzuhängen und die Weihnachtsbäume zu schmücken. Doch der Groll zwischen ihnen saß tief. Eines Abends, als sie gerade dabei waren, Geschenke zu verpacken, brach Lumpi das Schweigen. "Klex, wir sollten darüber sprechen, was zwischen uns passiert ist."

Klex starrte auf das Geschenkpapier vor ihm und seufzte. "Es ist zu spät für Gespräche, Lumpi. Du hättest dich früher melden sollen." Lumpi seufzte ebenfalls und erinnerte sich an den Vorfall vor vielen Jahren, der ihre Freundschaft zerstört hatte. "Ich weiß, dass ich einen Fehler gemacht habe, aber ich habe dich nie vergessen, Klex. Ich wollte mich entschuldigen, aber ich wusste nicht, wie."

Klex sah Lumpi skeptisch an, aber etwas in seinem Blick verriet Unsicherheit. "Warum hast du dich nie bei mir gemeldet? Warum hast du mich einfach im Stich gelassen?" Lumpi senkte den Kopf. "Ich dachte, du würdest mich nicht mehr sehen wollen. Ich habe mich geschämt für das, was ich getan habe." Nachdem Lumpi das zugegeben hatte, sprachen die beiden Wichtel noch lange über den Vorfall, ihre Gefühle und ihre Erinnerungen. Die Nacht Schritt weiter fort und als der frühe Morgen anbrach, spürten sie, dass sich etwas zwischen ihnen verändert hatte.

In den folgenden Wochen arbeiteten Lumpi und Klex nicht nur an den Weihnachtsvorbereitungen, sondern auch an ihrer Freundschaft. Sie erzählten sich Geschichten von ihren Abenteuern und lachten über alte Witze. Langsam, aber sicher, begannen die Wunden zu heilen. Die anderen Bewohner des Wichteldorfs bemerkten die Veränderung zwischen Lumpi und Klex und freuten sich darüber. Frau Eichblatt, die Älteste und auch Weiseste des Dorfes, war zufrieden, denn sie hatten schon immer geglaubt, dass die beiden Wichtel füreinander bestimmt waren.

Als die Weihnachtsvorbereitungen endlich abgeschlossen waren und der Heiligabend anbrach, saßen Lumpi und Klex am Lagerfeuer und starrten in die lodernden Flammen. Sie wussten, dass es an der Zeit war, sich gegenseitig ein Geschenk zu machen - das Geschenk der Versöhnung. Also reichte Lumpi Klex eine kleine Schachtel, in der ein glänzender Stein lag. "Das ist für dich, Klex. Er symbolisiert unsere wiedergefundene Freundschaft. Ich hoffe, du kannst mir vergeben."

Klex lächelte, als er die Schachtel öffnete und den Stein in die Hand nahm. "Danke, Lumpi. Ich vergebe dir, und ich bin froh, dass wir wieder Freunde sind." Dann überreichte Klex Lumpi eine kleine, kunstvoll verzierte Holzfigur. "Das ist für dich, Lumpi. Sie repräsentiert unsere gemeinsamen Erinnerungen und die Zukunft, die wir jetzt zusammen haben können." Lumpi war gerührt, als er die Figur betrachtete. Dann traten Tränen in seine Augen. "Danke, Klex. Ich schätze unsere Freundschaft mehr, als Worte es je ausdrücken könnten."

Und so hatten Lumpi und Klex in dieser magischen Weihnachtsnacht nicht nur ihre Freundschaft wiedergefunden, sondern auch die Bedeutung von Vergebung erfahren. Gemeinsam feierten sie das Fest der Liebe und Freundschaft und versprachen, sich nie wieder voneinander zu entfremden. Die Sterne über dem verzauberten Wald leuchteten heller als je zuvor, als Zeichen dafür, dass wahre Freundschaft und Versöhnung die Dunkelheit vertreiben können.

Wilmas Suche nach der Liebe

Es war eine kalte Dezembernacht im Wichteldorf und die Straßen waren mit glitzerndem Schnee bedeckt. In einem gemütlichen Häuschen am Rande des Dorfes lebte eine Wichteldame namens Wilma. Wilma war eine hübsche, lebhafte Wichteldame mit strahlend grünen Augen und glänzenden roten Locken, aber trotz ihrer Schönheit fühlte sie sich einsam und unvollständig. Denn sie hatte noch nie einen Wichtelmann gefunden, der ihr Herz eroberte. Wilma hatte deswegen Gedanken voller Zweifel, die langsam an ihr zu nagen begannen.

Alle ihre Freundinnen hatten längst ihre Partner gefunden und waren glücklich verliebt. Wilma beneidete sie dafür. Diese Eifersucht machte sie von Tag zu Tag verbitterter. "Warum finde ich keinen Wichtelmann?", fragte sie sich immer wieder, während sie traurig aus dem Fenster schaute und die Wichtelpaare beobachtete, die fröhlich durch das Dorf schlenderten. Dabei wurde sie immer wütender, deprimierter und neidischer.

Selbst in der Weihnachtswerkstätte, wo die Wichtel emsig an den Geschenken für die Kinder arbeiteten, hatte Wilma kein Glück mit den vielen Wichtelmännern, die dort arbeiteten. Sie versuchte, mit ihnen ins Gespräch zu kommen, doch keiner schien an ihr interessiert zu sein. Ihr Herz sank, und ihre Arbeit in der Werkstätte litt unter ihrem Kummer. Sie konnte sich nicht mehr richtig konzentrieren und begann, Fehler zu machen.

Deswegen wurde Wilma eines Tages von ihrem Vorgesetzten, einem strengen Wichtel namens Klaus, zur Seite genommen. "Wilma, ich habe bemerkt, dass du in letzter Zeit nicht mehr so effizient arbeitest wie früher", sagte er besorgt. "Ist etwas passiert?" Wilma seufzte und erzählte Klaus von ihrem Problem. "Ich finde einfach keinen Wichtelmann, der mein Herz zum Singen bringt. Alle anderen Wichteldamen haben bereits ihre Partner gefunden und ich... Ich fühle mich so allein."

Klaus nickte verständnisvoll. "Es tut mir leid zu hören, dass du dich so fühlst, Wilma. Aber du darfst deine Arbeit nicht vernachlässigen. Wir haben eine wichtige Aufgabe, die Kinder auf der ganzen Welt glücklich zu machen." Wilma versuchte, sich zu bessern, aber ihre Gedanken kreisten immer um das gleiche Thema. Ihre Verbitterung wuchs, und schließlich wurde sie von der Weihnachtswerkstätte versetzt.

Enttäuscht und traurig landete Wilma in einer anderen Abteilung des Wichteldorfs, wo sie einen freundlichen Wichtel namens Max kennenlernte. Max hatte eine warme Ausstrahlung und ein freundliches Lächeln, das Wilma sofort anzog. Sie wurden schnell Freunde und Wilma fühlte sich bei Max wohl. Einmal saßen sie sogar zusammen in einer gemütlichen Wichtelstube und sprachen über ihre Sorgen. Wilma gestand Max, wie sehr sie sich nach einem Wichtelmann sehnte und wie einsam sie sich fühlte.

Max hörte aufmerksam zu und sagte dann: "Wilma, ich denke, du bist eine großartige Wichteldame, aber du musst lernen, dich selbst zu schätzen und an dir zu arbeiten, um anziehender auf andere zu wirken. Du bist viel mehr, als du denkst." Wilma war skeptisch, aber sie beschloss, Max' Ratschlag anzunehmen. Sie begann, an sich selbst zu arbeiten. Sie nahm an Kursen teil, um neue Fähigkeiten zu erlernen, sie las Bücher über Selbstvertrauen und Selbstliebe und setzte sich Ziele, die sie erreichen wollte.

Mit der Zeit begann Wilma, sich selbstbewusster und zufriedener zu fühlen. Sie strahlte eine innere Schönheit aus, die die anderen Wichtel bemerkten. Und Max? Er bemerkte die Veränderung in Wilma als allererstes und begann sie auf eine neue Weise zu sehen. Eines Abends, als sie wieder in der Wichtelstube saßen, gestand Max schließlich seine Gefühle. "Wilma, ich habe mich in dich verliebt", sagte er leise. "Du hast dich so sehr verändert und ich bewundere deine Entschlossenheit und dein Selbstvertrauen. Ich möchte mehr als nur dein Freund sein."

Wilma lächelte und spürte, wie ihr Herz vor Glück hüpfte. "Max, ich habe mich auch in dich verliebt. Du hast mir gezeigt, wie wichtig es ist, sich selbst zu schätzen und dafür bin ich dir unendlich dankbar." Und so fanden Wilma und Max, zwei Wichtel, die sich zunächst als Freunde gefunden hatten, schließlich ihre Liebe. Wilma wusste nun auch, dass wahre Liebe nicht nur von äußerer Schönheit abhängt, sondern von der inneren Stärke und dem Selbstvertrauen, das in jedem von uns schlummert.

Die anderen Wichtelpaare, die Wilma einst so sehr beneidet hatte, feierten nun gemeinsam die Weihnachtszeit mit dem neuen Wichtelpaar. Wilma war darüber überglücklich und wusste nun, dass sie endlich gefunden hatte, wonach sie so lange gesucht hatte: die wahre Liebe und die Gewissheit, dass sie sich selbst wertvoll genug ist, um geliebt zu werden. Die Nächte im Wichteldorf waren fortan nicht mehr kalt und einsam für Wilma. Sie verbrachten jede freie Minute mit Max und genoss die Wärme der Liebe.

Impressum und Copyright

Die Abenteuer der Weihnachtswichtel: Märchenhafte Weihnachtsgeschichten aus der Welt der Wichtel!

Autor: Wilma Zimtstern

Independently published

Vertreten durch: Flo Brem

Katzenbuckel 2

86842 Türkheim

Haftungsausschluss

Der Autor übernimmt keinerlei Gewähr für die Aktualität, Korrektheit, Vollständigkeit oder Qualität der bereitgestellten Geschichten. Haftungsansprüche gegen den Autor, welche sich auf Schäden ideeller oder materieller Art beziehen, welche durch die Fehlinterpretation der dargebotenen Geschichten verursacht werden, sind grundsätzlich ausgeschlossen.

Printed in Poland
by Amazon Fulfillment
Poland Sp. z o.o., Wrocław

28021903R00057